Dr. Eva-Maria Schröder

Kinder-
leichtes
Essen

Ein Domino Buch

Druck und Verarbeitung: S.GB Schwanau/Allmannsweier

ISBN-Nr. 3-926123-65-6

Inhalt

Liebe Eltern!

Sie haben bereits den ersten Schritt getan, um Ihrem übergewichtigen Kind sein Selbstvertrauen und Wohlbefinden wiederzugeben: Mit unserem ELTERN-RATGEBER Band I "Dickes Kind, krankes Kind?" haben Sie sich über die psychologischen Hintergründe und allgemeinen Verhaltensregeln informiert, die dazu beitragen können, Ihrem Kind sein Selbstvertrauen und körperliches Wohlbefinden wiederzugeben. Ausführlich wird hier die Problematik des kindlichen Übergewichts geschildert, werden Entstehungsursachen und mögliche Folgen genauso erläutert wie die theoretischen Voraussetzungen zum Gelingen einer dauerhaften Gewichtsnormalisierung.
In diesem zweiten Band findet sich nun die praktische Ergänzung. Hier erhalten Sie konkrete Tips, Tabellen, Rezepte und kindgerechte Diätbeispiele, mit denen Sie Ihrem Kind zu einer gesunden Ernährungsweise und damit zur Gewichtsreduktion verhelfen können.

Da zu einer gesunden Ernährung auch bewußte und gezielte Nahrungsmittelauswahl, -lagerung und -zubereitung gehören, um den Nährwert möglichst in hohem Maße zu erhalten, stehen Informationen hierzu am Anfang dieses Buches. Tips für den richtigen Einsatz von Küchenkräutern zum leckeren und vitamin-/mineralstoffreichen Würzen finden Sie hier genauso wie Hinweise zum Verpacken von Pausenbrot und Ausflugsbroten. Beispiele für kalorienarme, schmackhafte Gerichte für besondere Gelegenheiten (Weihnachten, Geburtstag etc.) werden ergänzt durch umfangreiche Kalorientabellen von für Kinder besonders verlockenden Nahrungsmitteln, nämlich Süßigkeiten, Eis, Fast-Food, Pizza und Getränken.

Der praktische Diätblock mit vielen leckeren Rezepten rundet dann diesen Ernährungsratgeber für übergewichtige Kinder ab. Mit Hilfe eines praktischen Systems aus Diätbausteinen können Sie selbst einen individuellen Wochenfahrplan zum Abnehmen für Ihr Kind mit 1200 kcal oder 1500 kcal zusammenstellen. Und wenn Sie Lust haben, können Sie auch die Gelegenheit nutzen und gemeinsam mit Ihrem Kind abnehmen. Auch die normalgewichtigen Familienmitglieder können nach diesen Diätrezepten essen, nur in etwas größerer Menge oder mit ergänzten Beilagen. Extrakochen für die Kinderdiät muß also nicht sein, die ganze Familie kann mitessen.

Insgesamt stellt dieses Buch also ein informatives Nachschlagewerk dar, auf das Sie sicher häufig zurückgreifen werden, selbst wenn Sie gerade keine strikte Diät durchführen wollen. Denn wer weiß schon auf Anhieb, wieviel Kalorien ein Schokoriegel oder ein Hamburger hat?

In diesem Sinne wünschen wir Ihnen und Ihrem Kind viel Spaß beim Lesen und Abnehmen!

Richtig einkaufen und lagern

Am Anfang jeder bewußten Ernährung stehen Auswahl und Einkauf der Nahrungsmittel, Lagerung und Weiterverarbeitung im Haushalt. Erst im Anschluß daran folgt der Genuß der zubereiteten Speise. Wie "wertvoll" im Sinne von frisch, gesund und nährstoffreich dieses Essen dann letztlich noch ist, hängt in hohem Maße von diesen ersten Schritten ab.

Ideal wäre es natürlich, wenn alle Lebensmittel direkt frisch aus dem Garten, vom Feld oder vom Erzeuger auf unsere Teller gelangen würden. Doch leider haben heute nur noch die wenigsten Menschen diese Möglichkeit. Die Mehrzahl bezieht die Ware über den Handel. Wir kaufen Obst und Gemüse als "frisch" ein, das zum Teil schon Tausende von Kilometern bei der Anlieferung zurückgelegt hat, tage- und wochenlang im Kühlraum lag oder auf dem Wochenmarkt am Straßenrand den Autoabgasen und der Sonne ausgesetzt war. Diese Faktoren mindern in teilweise beträchtlichem Ausmaß den ernährungsphysiologischen Wert dieser Lebensmitel; das gilt auch für Salat. Die wertvollen Vitamine können leicht durch Licht, Luft, Wärme und Zeit zerstört werden. Auch im Haushalt ist die Behandlung der Lebensmittel nicht immer ideal, nur allzu oft werden beispielsweise wertvolle Mineralstoffe und Vitamine durch nicht fachgerechte Bearbeitung weggeschwemmt oder verkocht.

Eine gewisse Wertminderung der ursprünglichen Rohware läßt sich unter unseren heutigen Lebensbedingungen nicht ganz ausschließen. Doch mit ein wenig Kenntnis der Sachlage läßt sich die Gefahr von Nährstoffverlusten beträchtlich reduzieren. Und da gerade während einer Diät die Nährstoffversorgung mit verminderter Nahrungsmenge sichergestellt werden muß, folgt nun stichwortartig eine Zusammenstellung der wichtigsten Gesichtspunkte zur Nährstoffwahrung.

Fleisch und Wurst

- Hackfleisch darf nur am Tag der Herstellung verkauft werden.
- Bei Tatar und Mett, das zum rohen Verzehr bestimmt ist, sollten Sie darauf bestehen, daß Ihre Portion frisch hergestellt wird.

- Rohes Hackfleisch auch im Kühlschrank nicht länger als einen halben Tag lagern. In durchgebratenem Zustand hält es circa zwei Tage.
- Allgemein sollte Fleisch stets kühl aufbewahrt werden. Bei circa 2 - 3° C hält es sich in rohem Zustand etwa zwei Tage, zubereitet etwa drei Tage.

Fisch

- Frischfisch sollte sofort aus der Verpackung genommen und in einer Schüssel oder auf einem Teller kühl aufbewahrt werden, jedoch nicht länger als einen Tag.
- Tiefgefrorener Fisch muß nach dem Einkauf sofort wieder tiefgekühlt gelagert und nach dem Auftauen alsbald zubereitet werden.
- Fischerzeugnisse – bis auf Dauerkonserven – sollten grundsätzlich kühl gelagert werden.

Käse

- Käse kommt frisch oder in verschiedenen Reifegraden auf den Markt und ist auch in mehreren Fettgehaltsstufen erhältlich.
- Der Fettgehalt einiger Lebensmittel (besonders bei Käse) wird als Fett in der Trockenmasse (Fett i.Tr.) angegeben.

Der angegebene Prozentsatz des Fettes (zum Beispiel 40% Fett i.Tr.) bezieht sich nicht auf das Gesamtgewicht, sondern auf den **Fett**anteil **i**n der **Tr**ockenmasse (Fett i.Tr.) Unter der Trockenmasse versteht man den "festen" Anteil des Käses, der nach Wasserentzug noch übrigbleibt. Darin ist neben Eiweiß, Kohlenhydraten und Mineralstoffen auch das Fett enthalten.

Das heißt: der tatsächliche Fettgehalt eines Käses, in Gramm ausgedrückt, bezogen auf die gekaufte Menge, beträgt nur etwa die Hälfte des angegebenen Fettgehaltes in der Trockenmasse (bei Quark und Schichtkäse sogar nur etwa 2/5), da Käse etwa zur Hälfte aus Wasser besteht.

• Alle Käsesorten sollten verpackt und dunkel aufbewahrt werden.
• Frischkäse nur im Kühlschrank, Hart- und Schmierkäse am Stück und kühl aufbewahren.
• Um den Käse vor dem Austrocknen zu schützen, wickeln Sie ihn am besten in eine Folie oder ein feuchtes Leinentuch ein.

Tip: Zum Einfrieren eignen sich – in Portionen verpackt – junger Hartkäse und fettreiche Sorten, Hart- und Schnittkäse am besten.
Weichkäse, der eingefroren werden soll, muß die gewünschte Reife haben und darf nicht krümelig oder hart sein.

Eier

Achten Sie beim Kauf von Eiern auf das Abpackdatum, das auf der Packung angegeben ist. Es sollte möglichst nicht länger als eine Woche überschritten sein.

• Eier sollten möglichst kühl und getrennt von stark riechenden Lebensmitteln gelagert werden.
• Die Haltbarkeit frischer Eier beträgt im Kühlschrank circa zwei Wochen.
• Auch frische gekochte Eier sind im Kühlschrank ein bis zwei Wochen haltbar.

Brot

• Roggen- und Roggenmischbrote sind länger haltbar als Weizen- und Weizenmischbrote.
• Kaufen Sie häufiger dunkle Vollkorn-Brotsorten, da sie ballaststoff-, vitamin- und mineralstoffreich und deshalb auch gesünder sind.
• Abgepacktes Brot neigt zu Schimmelbildung. Achten Sie darauf!
• Brot sollte immer kühl, trocken und vor allem luftig gelagert werden, damit es nicht schimmelt. Brotbehälter sollten deshalb nie luftdicht verschlossen sein.
• Die Lagerung im Kühlschrank ist nur an feuchtheißen Tagen ratsam, weil Brot im Kühlschrank schneller altbacken wird.
• Knäckebrot muß vor Feuchtigkeit geschützt werden, das heißt: die Verpackung immer gut verschließen und möglichst nicht zusammen mit anderem Brot lagern.
• Am längsten bleibt Brot in einem Steinguttopf bei 18 - 20° C frisch.
• Für langfristige Lagerung ist Tiefgefrieren gut geeignet.

Obst und Gemüse

• Obst und Gemüse gehören zu den empfehlenswerten Kohlenhydratträgern – und dies nicht nur wegen des hohen Ballaststoffanteils und der meist geringen Kalorienzahl, sondern besonders auch wegen ihres hohen Vitamin- und Mineralstoffanteils.

• Ziehen Sie frisches Obst und Gemüse den Konserven vor. Legen Sie dabei Wert auf einen unbeschädigten und unverdorbenen Zustand der Ware. Bereits lange gelagertes, angewelktes Gemüse hat schon viele Vitamine verloren!

• Vermeiden Sie langes Lagern von Obst und Gemüse! Je frischer Sie es verzehren, desto höher sind Vitamin- und Mineralstoffgehalt (Ausnahme: Winterlagerung von zum Beispiel Äpfeln oder Kartoffeln).

• Wählen Sie im Hinblick auf den Verwendungszweck (wenn Sie zum Beispiel die Schale mitverwenden wollen) ungespritztes und an der Schale unbehandeltes Obst und Gemüse.

• Obst sollte im Regelfall nur kurze Zeit (Ausnahme: Äpfel und Birnen) aufbewahrt werden, entweder kühl im Keller oder in den dafür vorgesehenen Fächern im Kühlschrank (Ausnahme: unreife Zitrusfrüchte und Bananen). Für die meisten Nahrungsmittel ist die Küchentemperatur nahezu "tropisch" hoch, deshalb sind sie im Kühlschrank wesentlich besser aufgehoben. Grünkohl verliert zum Beispiel nach einem Tag "Herumliegen" in der Küche bereits 40% seines Vitamin-C-Gehaltes.

• Obst möglichst nicht zusammen mit Kartoffeln lagern, weil sich Obst und Kartoffeln gegenseitig nachteilig beeinflussen können.

• Trockenobst ist luftig und trocken zu lagern, damit es nicht brüchig oder weich (feucht) wird und an Aroma verliert.

• Obst- und Gemüsekonserven sind kühl, trocken und dunkel aufzubewahren.

• Dosen mit aufgewölbtem Deckel (Bombagen!) weder kaufen noch lagern noch verwerten! Nicht mehr tauglich ist in der Regel auch das Eingemachte, wenn sich das Glas von selbst geöffnet hat.

Tiefkühlkost Tiefkühlkost muß bei mindestens -18° C, also im 3-Sterne-Kühlfach (bzw. in der Gefriertruhe) gelagert werden. Andernfalls kommt es zu einer Qualitätsminderung bzw. Schädigung der Ware. Die Haltbarkeit tiefgefrorener Lebensmittel ist unterschiedlich. Sie schwankt zwischen zwei und zwölf Monaten, je nach Erzeugnis.

• Tiefkühlkost sollte nur aus "gepflegten" Truhen gekauft werden. Wenn die Eisschicht auf der Innenseite dicker als 2 - 3 mm ist, kann die Ware schon zu warm werden - Qualitätseinbußen!

• Tiefkühlwaren mit stärkerer Schneebildung oder mit bräunlich-roten oder weißen Flecken (zum Beispiel bei Geflügel) nicht kaufen, sondern beanstanden.

• Tiefkühlkost sollte nur in unbeschädigten Packungen gekauft werden. In aufgerissene Packungen gelangt Sauerstoff, und die Ware trocknet aus.

• Schneebildung und Saftspuren an der Packung bei tiefgefrorenem Gemüse deuten darauf hin, daß die Ware schon einmal angetaut war.

• Erbsen, Rosenkohl und Mischgemüse müssen in der Packung "klappern", wenn die vorgeschriebenen Temperaturen eingehalten worden sind.

• Seien Sie also vorsichtig beim Einkaufen aus Truhen mit Wühlbergen und unzureichender Kälte!

• Die "Kühlkette" darf nicht unterbrochen werden, das heißt zwischen Kauf und Einlagern in die häusliche Gefriertruhe darf die Ware nicht antauen.

• Ehemals eingefrorene, aufgetaute Ware darf nicht wieder eingefroren werden.

Auf einen Blick: So empfindlich sind Vitamine

Vitamin	Hitze	Licht	Luft
A	+	+	+
D	-	+	+
E	+	+	+
C	+	+	+
B1	+	-	+
B2	-	+	-
B6	-	+	-
B12	-	+	+
Pantothensäure	+	-	-
Folsäure	+	+	+

+ = empfindlich - = weniger empfindlich

Tips zur Zubereitung

Für eine gesunde, kalorienarme Zubereitung der Speisen gelten folgende Ratschläge:

• Das Kochgeschirr sollte gut verschließbar sein. Achten Sie darauf, daß Ihre Töpfe einen fest schließenden Deckel haben – Sie sparen dadurch Energie, und an das Gargut kommt kein Luftsauerstoff, der ihm schaden könnte. Unterlassen Sie aus diesem Grund auch allzu häufiges Topfgucken.

Fleisch

• Fleisch sollte sehr heiß angebraten werden, damit sich die Poren sofort schließen können und die wertvollen Inhaltsstoffe erhalten bleiben. Zu empfehlen sind Römertopf, beschichtete Pfannen, Grill und Schnellkochtopf.

• Halten Sie die Brat- und Kochzeiten so kurz wie möglich, und decken Sie das Kochgut ab.

Obst und Gemüse

• Essen Sie junge Kartoffeln und Obst möglichst mit Schale, da darunter die meisten Vitamine sitzen.

• Waschen Sie Obst und Gemüse möglichst unter fließendem Wasser – und zwar vor dem Zerkleinern, kurz und gründlich!

• Wenn Sie Obst und Gemüse zu lange wässern, "schwimmen" Ihnen buchstäblich die Vitamine und Mineralstoffe weg! Außerdem bietet Obst und Gemüse, das erst nach dem Zerkleinern gewaschen wird, durch die nun größere Oberfläche auch eine größere Angriffsfläche für Luft und Wasser, wodurch Vitaminzerstörung und -verlust beschleunigt werden.

• Garen Sie Gemüse grundsätzlich nur in wenig Wasser und nicht zu lange! Denn je länger die Garzeit ist, desto höher sind die Vitamin- und Mineralstoffverluste. Man kann die Garzeit verkürzen, indem man weniger Wasser nimmt und die Nahrungsmittel erst zugibt, wenn das Wasser kocht. Außerdem sollte man auf höchster Stufe ankochen, aber dann zurückschalten und bei Mittelhitze weiterkochen. Dadurch schont man nicht nur Vitamine und Mineralstoffe, sondern spart auch noch Strom oder Gas.

• Vermeiden Sie lange Warmhaltezeiten und langes Aufwärmen, denn dies würde ebenfalls den Vitamin- und Mineralstoffgehalt vermindern. Bringen Sie das Essen möglichst erst zur Essenszeit auf den Tisch. Falls nicht alle Familienmitglieder zur selben Zeit essen, halten Sie das Essen auf keinen Fall warm, sondern lassen Sie es abkühlen, und stellen Sie es dann kalt. Erst bei Bedarf wird es dann wieder neu erwärmt.

• Säuren stabilisieren den Vitamin-C-Gehalt von Frühobst, weil die sauerstoffübertragenden Fermente im sauren Medium gehemmt werden. Geben Sie deshalb sofort Zitronensaft, Essig, Sauermilchprodukte oder saure Fruchtsäfte dazu.

• "Verunstalten" Sie den Eigengeschmack von Gemüse nicht mit Mehlsoßen oder ähnlichem. Genießen Sie den frischen reinen Geschmack und Biß. Außerdem sparen Sie dadurch Kalorien ein.

Salat und Rohkost

• Die meisten Gemüsesorten lassen sich auch als Rohkost zubereiten und sollten in dieser Form bevorzugt werden. Jedoch muß hier die Vorarbeit, das heißt das Waschen und Putzen, sehr gründlich durchgeführt werden, da keine sterilisierende Wärmebehandlung mehr stattfindet.

Geeignet als Rohkost sind alle Gemüsesorten außer Bohnen! Diese enthalten in rohem Zustand in ihren

Kernen den Giftstoff Phasin. Dieser Giftstoff wird beim Garen jedoch zerstört.

• Salat und Rohkost dürfen erst kurz vor dem Essen zubereitet werden und nicht mehr lange stehen, damit sie knackig und vitaminreich bleiben.

• Essen Sie Salat und Rohkost möglichst vor dem Hauptgericht, da dies besser sättigt, die Absonderung von Verdauungssäften anregt und dadurch die Verdauung fördert.

• Schmecken Sie Soßen und Marinaden vor dem Mischen mit dem Salat oder der Rohkost ab, weil nachträgliches Salzen Wasser aus dem Gemüse zieht.

Die sieben bekanntesten Kräuter

Frische Kräuter "heben" bei richtiger Auswahl den Eigengeschmack vieler Speisen. Verwenden Sie sie daher reichlich, denn sie enthalten außerdem wertvolle Vitamine und Mineralstoffe. Frische Kräuter erst kurz vor dem Servieren zugeben, nicht mitkochen!

Basilikum:	würzt stark, frisch nur sparsam verwenden
Dill:	frisch sind die Seitentriebe besonders schmackhaft, nur sparsam verwenden
Estragon:	nur die feinen Triebspitzen verwenden, würzig und erfrischend mit süßlichem Nachgeschmack, sehr sparsam verwenden
Petersilie:	kann sehr reichlich verwendet werden, zur Garnitur sieht besonders die gekrauste Petersilie hübsch aus
Schnittlauch:	erfrischend im Geschmack, sehr

Kräuter richtig verwenden

	fein geschnitten und reichlich verwenden
Thymian:	angenehm aromatisch und würzig, nur in kleinen Mengen verwenden
Zitronenmelisse:	zitronenähnlicher Geschmack, leicht bitter, sparsam verwenden

Welche Gerichte mit welchen Kräutern gewürzt werden, können Sie dieser Aufstellung entnehmen:

	Basilikum	Dill	Estragon	Petersilie	Schnittlauch	Thymian	Zitronenmelisse
Braten	•					•	
Ragouts	•		•			•	
Hackfleisch	•			•		•	
Leber						•	
Geflügel	•			•		•	
Wild	•					•	
Fisch	•	•		•	•		•
Eier				•	•		
Käse			•		•		
Quark		•		•	•		•
Butter		•	•	•	•	•	•
Gemüse	•		•	•	•	•	•
Kartoffel		•		•	•	•	
Blattsalate	•	•	•	•	•	•	•
Gurken/Zucchini		•	•				
Suppen	•	•	•	•	•		•
Kräuteressig	•	•	•			•	•

So sparen Sie Kalorien

Zunächst einige allgemeine Hinweise:

- Entfernen Sie alles sichtbare Fett an Fleisch- und Wurstwaren!
- Verwenden Sie Brat- und Streichfett sehr sparsam!
- Süßen Sie möglichst mit Süßstoff – in Tablettenform oder flüssig. Lösen Sie gegebenenfalls Süßstofftabletten immer in warmer Flüssigkeit auf.
- Legen Sie sich eine Küchenwaage mit Feineinstellung zu (Diätwaage, Briefwaage).

Zubereitungsarten

Der Kaloriengehalt eines Gerichtes hängt auch wesentlich von seiner Zubereitung ab. Reichliche Fettbeigaben und Binden mit Mehl oder Sahne können leicht aus einem Diätmahl ein Mastessen machen! Deshalb soll Ihnen der folgende Überblick helfen, zu erkennen, welche Zubereitungsarten Sie während der Diät (und auch möglichst sonst) bevorzugen sollten:

kalorienarm	**kalorienreich**
Grillen	Fritieren
Rösten (im Backofen)	in Fett ausbacken
Backen (im Backofen)	Schmoren
Braten (in beschichteten Pfannen ohne Fett)	Braten (mit Fett)
	Sautieren (Schwenken in Butter)
Kochen	
Blaukochen	
Dünsten	
Dämpfen	
Druckgaren (im Schnellkochtopf)	
Garziehen	

kalorienarm	kalorienreich
Pochieren	Spicken
"Natur"	Panieren
Binden mit Hefeflocken	Binden mit Mehl/Sahne
Süßen mit Süßstoff	Süßen mit Zucker
Salatsoßen mit Kräutern, Zitronensaft oder Essig, Joghurt oder Quark, eventuell etwas Öl	Salatsoßen mit Mayonnaise
Kräuterfrischkäse Quarkzubereitung mit Kräutern	Kräuterbutter
ohne Bratensoßen	mit Bratensoßen
	mit Käse überbacken

Der richtige Start in den Tag

Das Frühstück ist als Starthilfe in den Tag gedacht und sollte daher entsprechend gut und appetitlich sein. Kinder, die morgens noch keinen Hunger haben, müssen eventuell etwas früher geweckt werden, damit auch der Appetit erwachen kann.

Frühstück

Beim ersten Frühstück sollte das Kind, wenn möglich, mit der Familie oder wenigstens mit der Mutter am Tisch sitzen und **in Ruhe** essen können. Wenn die Mutter währenddessen das Schulbrot appetitlich und transportsicher verpackt, kann sie noch auf die speziellen Wünsche des Kindes eingehen. Dadurch verringert sich die Gefahr, daß das Pausenbrot im Schulhof liegenbleibt oder in den Abfalleimer wandert.

Es gibt Kinder, die können morgens absolut nichts essen. Zwingen Sie das Kind dann zu nichts. Achten Sie aber darauf, daß das Kind etwas Warmes trinkt (zum Beispiel Milch, Kakao, Früchtetee).

Pausenbrot

Unter diesen Bedingungen muß natürlich das Pausenbrot reichlicher ausfallen. Damit muß ja der Bedarf für das erste und zweite Frühstück gedeckt werden.

Auch wenn Ihr Kind morgens in Ruhe daheim frühstückt, geben Sie ihm ein zweites Frühstück zur Schule mit. Sie verhindern dadurch einen unnötigen Leistungs- und Konzentrationsabfall im Unterricht. Zudem ist das Kind dann beim Mittagessen nicht zu "ausgehungert", wodurch sich die Gefahr des "Zuvielessens" verringert.

Bitte achten Sie immer darauf, daß das Kind neben Brot und Obst auch etwas zum Trinken dabei hat. Überzeugen Sie Ihr Kind, daß der Kauf von Süßigkeiten oder Limonaden beim Hausmeister schlecht ist, den Erfolg beim Abnehmen gefährdet.

Hier nun ein paar Beispiele für sinnvolle Pausenverpflegung:

- Roggen-Mischbrot, Halbfett-Margarine, Geflügelwurst, Tomate, Apfel
- Vollkornbrot, magerer Käse, Pfirsich, Magerjoghurt
- Grahambrot, Leberwurst (mager), Gurke, Mandarine, Milch

Wenn Sie ein Salatblatt unter den Brotbelag legen, erscheint das Brot frischer und knackiger. Sie sparen gleichzeitig das Streichfett.

Tips zum Einpacken

Damit die Schulverpflegung sicher transportiert wird und auch frisch bleibt, muß sie gut verpackt sein.
Hier einige nützliche Tips:

- Mitgegebenes Obst, Tomaten, Möhren, Radieschen etc. sollten immer getrennt vom Brot verpackt sein, um eine Geschmacksbeeinträchtigung zu vermeiden.
- Geben Sie kein zu weiches Obst mit! Das wird nur matschig und warm und schmeckt so nicht mehr. Gut geeignet sind Äpfel, Mandarinen, Apfelsinen (Schale vorher mit dem Messer einritzen).

Zur Verpackung besonders geeignet sind:

Pergamentpapier
Frühstücksdose aus Metall oder Kunststoff
Frühstücksbeutel

- Zusätzlich eine Serviette oder ein Papier-Taschentuch zum Abwischen mitgeben.
- Damit die Pausen-Verpflegung nicht durch Schulbücher zerdrückt wird, sollte sie in einem gesonderten Fach der Schultasche untergebracht sein. Ist dies nicht möglich, ist eine Frühstücksdose oder Tiefkühlbox sehr hilfreich.

Getränke

Wenn Sie diese Hinweise beachten, verringern Sie

damit erheblich die Gefahr, daß das Schulbrot Ihres Kindes in den Papierkorb wandert oder verschenkt wird und stattdessen Süßigkeiten oder ähnliches beim Hausmeister gekauft werden.

Ein wichtiger Punkt bei der Pausen-Verpflegung sind die Getränke. Ein Kind benötigt, bezogen auf sein Körpergewicht, mehr an Flüssigkeit als ein Erwachsener. Kalorienfreie Getränke und Früchtetee (mit Süßstoff) dürfen unbegrenzt mitgegeben werden. Die Kilokalorien einer zusätzlich getrunkenen Schulmilch müssen jedoch kalorisch berechnet und an anderer Stelle wieder eingespart werden.
Wie in Band I bereits ausgeführt, kommt der Flüssigkeitsaufnahme während einer Reduktionskost große Bedeutung zu. Kinder im Schulalter sollten in dieser Zeit etwa 1,5 - 2 Liter pro Tag trinken, an heißen Sommertagen bzw. bei sportlichen Training auch mehr.

Die Deckung dieses Flüssigkeitsbedarfs ist nun durch Getränke von 0 bis 1000 kcal und mehr möglich, je nachdem welches Getränk bevorzugt wird. Im Rahmen einer Diät müssen natürlich möglichst energiearme Produkte gewählt werden, so daß Mineralwasser und ungezuckerte Tees die Getränke der Wahl sein sollten. Aber auch eine gelegentliche Fruchtsaftschorle (1/2 Diät-Saft, 1/2 Wasser) oder ein Glas Diätlimo oder Cola sind zwischendurch erlaubt.

Kaloriengehalt der wichtigsten Getränke

Getränke	**Menge**	**circa kcal**
Maracuja-Nektar, Diät	0,2 l	40
Orangen-Nektar, Diät	0,2 l	40

Getränke	Menge	circa kcal
Grapefruitsaft, ungesüßt, Dose	0,2 l	54
Aprikosen-Nektar, Diät	0,2 l	58
Fliederbeersaft, ungesüßt	0,2 l	80
Grapefruitsaft, gesüßt	0,2 l	82
Orangensaft, frisch	0,2 l	92
Ananassaft	0,2 l	94
Aprikosen-Nektar	0,2 l	100
Orangensaft, Flasche	0,2 l	100
Ananassaft, ungesüßt, Dose	0,2 l	100
Johannisbeersaft, rot	0,2 l	100
Johannisbeersaft, schwarz	0,2 l	110
Birnensaft	0,2 l	110
Ananas-Guave-Trank	0,2 l	114
Ananassaft mit Aprikose	0,2 l	120
Aprikosensaft mit Orange	0,2 l	116
Pfirsichsaft	0,2 l	118
Heidelbeersaft	0,2 l	126
Kirschsaft	0,2 l	132
Ananassaft, gesüßt, Dose	0,2 l	192
Sauerkrautsaft	0,2 l	20
Tomatensaft	0,2 l	40
Gemüsesaft	0,2 l	50
Karottensaft	0,2 l	54
Rote-Bete-Saft	0,2 l	84
Cola light	0,33 l	3
Limonade, light	0,33 l	7
Cola-Getränke, gezuckert	0,33 l	145
Limonaden, gezuckert	0,33 l	160
Magermilch, entrahmt, 0,3% Fett	0,2 l	70

Milch, fettarm, 1,5% Fett	0,2 l	98
Trinkmilch, 3,5% Fett	0,2 l	132
Roh- oder Vorzugsmilch	0,2 l	136
Buttermilch	0,2 l	72
Buttermilch-Frucht-Shake	0,2 l	128
Trinksauermilch, entrahmt	0,2 l	76
Trinkjoghurt, Erdbeere o. Kirsch	150 g-Becher	99
Trinkjoghurt, Banane o. Orange	150 g-Becher	11

Absolut kalorienfreie Getränke sind Mineralwasser und Tees ohne Zucker. Bei letzteren gibt es vielfältige Geschmacksvarianten, zum Beispiel: Malve, Pfefferminze, Zitrone, Hibiskus, Apfel, Früchte, Kräuter ...
... oder mal was kalorienfreies Selbstgemachtes: Von dieser Limo kann Ihr Kind trinken, soviel es will.

Diät-Rezept für Zitronen-Limonade

Zutaten:

Abgeriebene Schale und Saft von 4 Zitronen (unbehandelte Früchte),
ein paar Tropfen flüssiger Süßstoff,
900 ml kochendes Wasser.

Zum Servieren:

Eiswürfel, Zitronenscheiben, Minzezweig

Zubereitung:

In einen Krug Zitronenschale und Süßstoff geben, mit kochendem Wasser übergießen. Abkühlen lassen. Zitronensaft dazugeben und kühlstellen. In die Gläser 2 - 3 Eiswürfel geben, vollfüllen und mit Minze und je einer Zitronenscheibe garnieren.

Die richtige Marschverpflegung für den Wandertag

Mit Freude und Spannung wird dieser Tag erwartet und geplant. Denn an diesem Tag heißt es raus aus der Schule und dem beengenden Schulhof und rein in die kleinen Abenteuer, die so ein Wandertag mit sich bringt. Die Planung sollte allerdings nicht nur das Ausflugsziel betreffen, sondern auch die geeignete Marschverpflegung. Was nützt der schönste Wandertag, wenn man Hunger oder Durst hat oder aber gar der Rucksack wegen überflüssiger Speisen und Getränke (zum Beispiel in Glasflaschen) zu schwer ist? Marschverpflegung und Trinkbares müssen Art und Dauer des Ausflugs angepaßt sein. Neben den ausführlichen Tips in Band I hier noch einige Ergänzungen:

Brot und Belag

Belegtes Weißbrot wird nach längerer Zeit meist labbrig und weicht durch, außerdem ist es ernährungsphysiologisch nicht so wertvoll wie Mischbrot oder gar Vollkornbrot. Auch das Sättigungsgefühl hält bei Weißbrot nicht sehr lange an.
Knäckebrot bricht oft leicht im Wandergepäck und ist dann schwer zu handhaben.

Appetitlich verpacken

Als Belag eignen sich gut Dauerwurst, Schinken und Käse - möglichst ohne Streichfett. Dafür aber heben ein paar Gurken- oder Radieschenscheiben oder ein Blatt grüner Salat nicht nur das Aussehen, sondern auch noch den Wert des Brotes hinsichtlich der Vitamine und der Frische. Apropos Vitamine: natürlich sollte etwas Obst und Gemüse nicht fehlen. Aber auch hier bevorzugen Sie bitte die festeren, nicht leicht matschenden Sorten. Obstsorten wie Apfelsinen sollten eingeritzt oder geschält und entsprechend verpackt mitgegeben werden. Außerdem schadet es nicht, bei Apfelsinen, Pfirsichen etc. noch eine Serviette miteinzupacken, da diese Obstsorten stark saften.

Überhaupt ist die Verpackung der Marschverpflegung ein wichtiger Beitrag zum Gelingen eines Wandertages. Denn wer mag schon gern ein Käsebrot, an dem der an manchen Stellen schon angeschlagene und braungewordene Pfirsich oder eine zermatschte Tomate klebt. Deshalb sollten Obst und Gemüse immer getrennt vom Brot verpackt werden, auch um Geschmacksbeeinträchtigungen zu vermeiden. Und, richtig verpackt, ist auch nichts mehr gegen Pfirsiche, Tomaten, Gurkenscheiben etc. einzuwenden. Geeignete Verpackungen sind zum Beispiel Pergamentpapier, Haushaltsfolie, Plastikdosen mit Deckel, Thermoskannen oder Feldflaschen für Getränke.

Beispiele für kalorienarme Marschverpflegung

Die folgenden Beispiele sollen Ihnen zeigen, wie die Marschverpflegung für Ihr Kind aussehen könnte. (In der rechten Spalte finden Sie die Angaben für ein übergewichtiges Kind!)

2 Scheiben Vollkornbrot	2 Scheiben Vollkornbrot
belegt mit	
1 Blatt Kopfsalat und 1 Scheibe Edamerkäse	1 Blatt Kopfsalat und 1 dünne Scheibe Edamer
1 Scheibe Roggenmischbrot	1 Scheibe Roggenmischbrot
belegt mit	
50 g roher Schinken, feingeschnitten 1 TL Meerrettich	30 g roher Schinken feingeschnitten 1 TL Meerrettich

dazu

1 fester Apfel	1 kleiner fester Apfel
2 Mohrrüben	2 Mohrrüben
1 hartgekochtes Ei	
1 Becher Fruchtdickmilch	1 Becher Magerjoghurt mit Frucht
1 kleine Tüte Milch	1 kl. Tüte Magermilch
schwach gesüßter Früchtetee (1 Liter)	schwach mit Süßstoff gesüßter Früchtetee (1 Liter)
1 Päckchen Kaugummis	1 Päckchen Kaugummis
5 Stück saure Drops	5 Stück Bonbons (beides ohne Zucker)

Ein Löffelchen für die Milchprodukte mitzugeben!

Grillen, Picknick

Sommerzeit ist Grillzeit – und Zeit für Rad- und Wanderausflüge mit einem Picknick. Diesen Vergnügungen steht auch im Rahmen einer Reduktionskost nichts im Weg, wenn man einige Punkte beachtet.

Achtung, Schadstoffe

Grillen ist eine relativ fettsparende Garmethode, da auf zusätzliches Fett verzichtet werden kann. Es ist deshalb prinzipiell zu empfehlen. Um jedoch zu vermeiden, daß beim Grillen gesundheitsgefährdende Stoffe durch in die Glut herabtropfenden und dort verbrennenden Fleischsaft oder Fett entstehen, sind einige Regeln zu beachten, die die Deutsche Gesellschaft für Ernährung (DGE) wie folgt formuliert:

- Nur Holzkohle-, Elektro- oder Gasgrill mit Hitzequelle von oben oder von der Seite verwenden. Fettauffangschale benutzen, damit kein Fett in die Glut tropfen kann. Oder das Grillgut in Alufolie wickeln und später kurz auf offenem Rost "nachgrillen".

- Keine Kiefernzapfen, harzreiches Holz, Verpackungen oder Zeitungspapier zum Grillen verwenden, sondern Holzkohle oder Holzkohlebriketts.
- Auf Anzündhilfen zurückgreifen. Benzin, Spiritus oder ähnliches ist zum Grillen zu gefährlich.
- Niemals gepökelte Fleisch- und Wurstwaren grillen.
- Richtigen Grillabstand wählen. Faustregel: Grillrost eine Stufe höher einschieben, wenn es 15 cm über dem Grillrost so heiß ist, daß man seine Hand keine zwei Sekunden lang darüberhalten kann.
- Ölhaltige Marinaden abtupfen.
- Fleisch nicht vorher salzen, da sonst Fleischsaft entzogen wird.
- Die richtige Grill-Temperatur ist beim Kohle-Grill nach ca. 30 - 60 Minuten erreicht, wenn die Kohle durchgeglüht ist.
- Schwarze, verkohlte Stellen nicht mehr verzehren.
- Vitaminreiche Beilagen, zum Beispiel Salate, Gemüse und Obst wählen, Vitamin C zum Beispiel hemmt die Entstehung von bestimmten Schadstoffen.

Daß gerade beim Kampf mit überflüssigen Pfunden zum Grillen fettarme Lebensmittel verwendet werden sollen, liegt auf der Hand. Durch Verpacken des Grillgutes in Alufolie (blanke Seite nach innen!) bleibt es auch ohne Fettzugabe saftig und trocknet nicht aus. Statt fetter Würste und fettem Nackenkotelett lassen sich so hervorragend mageres Fleisch, zum Beispiel Geflügel, oder Fisch zubereiten, oder auch Maiskolben, Pellkartoffeln, Tomaten, Zwiebeln und andere kalorienarme Gemüse, die als Beilage lecker und sättigend sind. Als Beispiel sind die nachfolgenden Rezepte sicher für groß und klein gleich verlockend.

Gegrillte Hähnchenkeule mit Grilltomaten und Weißbrot
(Rezept für 1 Person)
circa 350 kcal

Zutaten für die Hähnchenkeule:

1 Brathähnchenkeule (125 g)
Salz
Marinade aus:
1 EL Öl (5 g)
1 EL Kräuteressig
1 TL Sojasoße
1/2 TL Senf
1/2 TL Tomatenmark
1/2 gehackte Zwiebel
Knoblauchpulver, Rosmarin, Thymian
Paprikapulver

Zubereitung:

Alle Zutaten für die Marinade verrühren und die Hähnchenschenkel damit begießen. Öfter darin wenden und dann vor dem Grillen abtupfen. Auf den geölten heißen Rost legen und des öfteren mit der Marinade bestreichen. Auf jeder Seite circa 15 Minuten garen. Vor dem Servieren salzen.

Zutaten für Grilltomaten und Weißbrot:

2 Tomaten
1 EL Magerquark
frische Kräuter nach Geschmack
1 Scheibe Weißbrot

Zubereitung:

Von den Tomaten den Strunk entfernen und kreuzweise einschneiden. Auf ein Stück Alufolie setzen und auf dem Rost garen. Auf die gegarten Tomaten einen Klacks Kräuterquark geben.

Grillburger

(Rezept für 1 Person) circa 350 kcal

Zutaten:

125 g Rinderhackfleisch, mager
Salz, Pfeffer
Provence-Kräuter
1/2 TL Sesamsamen oder
1/2 TL Haselnüsse, fein gemahlen
etwas Magermilch (1 – 2 EL)
1 Brötchen/Semmel
1 EL Tomatenketchup (20 g)
2 Salatblätter

Zubereitung:

Hackfleisch mit Salz, Pfeffer, Provence-Kräutern, Sesamsamen oder Haselnüssen und etwas Milch zu einem Hackteig verarbeiten. Flache Hacksteaks formen und diese auf einer Alufolie zum Rost transportieren und darauf pro Seite circa 5 Minuten grillen. Die gegarten Grillburger mit dem Ketchup und den Salatblättern zwischen die Brötchenhälften klemmen.

Frischer Salat bzw. rohes Gemüse, in Streifen geschnitten und vielleicht in den "Pikanten Quark" (siehe Rezept Seite 32) gedippt, ergänzen das Mahl unter freiem Himmel und gestalten es zusätzlich gesund und schmackhaft.

Plant man ein Picknick, dann wären folgende Rezepte geeignet:

Geflügelsalat

(Rezept für 1 Person) circa 300 kcal

Zutaten:

150 g Hähnchenbrust
50 g Erbsen
50 g Champignons, frisch oder aus der Dose
1 EL Reis, roh (16 g)
2 EL Magerjoghurt (30 g)
Zitronensaft, Salz, Pfeffer, Dill

Zubereitung:

Fleisch und Reis weichkochen, erkalten lassen. Fleisch kleinschneiden und mit den anderen Zutaten gut mischen.

Nudelsalat

(Rezept für 1 Person) circa 300 kcal

Zutaten:

2 EL Vollkornnudeln (Rohgewicht, 30 g)
50 g gekochten Schinken, mager
1 kleine Tomate
1 kleine Gewürzgurke
Soße:
3 EL Magerjoghurt (45 g)
Essig, Salz, Pfeffer,
Petersilie nach Geschmack
3 runde Cracker (15 g)

Zubereitung:

Nudeln in Salzwasser kochen, Gemüse und Schinken würfeln, alles vermischen und mit Soße übergießen, dazu Cracker.

Schinken-schnitte mit Trauben

(Rezept für 1 Person)
circa 375 kcal

Zutaten:

1 Scheibe Vollkornbrot (45 g)
1 TL Butter oder Margarine (5 g)
60 g gekochten Schinken, mager
1 Scheibe Schnittkäse, 45 % Fett i.Tr. (20 g)
50 g Weintrauben

Zubereitung:

Brot mit Butter bestreichen, mit Schinken und Käse belegen.
Weintrauben halbieren und belegtes Brot damit garnieren.

Vollkornbrot mit Camembert

(Rezept für 1 Person)
300 kcal

Zutaten:

1 Scheibe Roggenvollkornbrot (50 g)
1 TL Halbfettmargarine (5 g)
40 g Camembert, 30% Fett i.Tr.
1 kleines Glas Johannisbeersaft (150 g)

Pikanter Quark

(Rezept für 1 Person)
circa 150 kcal

Zutaten:

4 EL Magerquark (120 g)
2 EL Magermilch (30 g)
1 kleine Zwiebel
1 kleine Gewürzgurke
2 Tomaten
Gewürze nach Belieben

Zubereitung:

Den Quark mit Milch, kleingeschnittenem Gemüse und Gewürzen vermengen.

Fast-Food-Gerichte

Gerichte aus der Schnellimbiß-Küche, egal ob Pommes frites, Pizza, Bratwurst oder Hamburger, erfreuen sich nicht nur bei der jungen Bevölkerung zunehmender Beliebtheit. Nun ist dieses Essen auf die Schnelle zwar einfach, praktisch und ohne großen Zeitaufwand zu sich genommen, doch leider mit einer erheblichen Energieaufnahme verbunden.

Im Rahmen einer Reduktionskost empfiehlt sich diese Art der Ernährung nicht. Wie schnell ist über einen Hamburger und einen Softdrink ein Drittel oder gar die Hälfte der erlaubten Kalorienzufuhr gedeckt! Und mit Vitaminen, Mineral- und Ballaststoffen schaut es nicht gerade üppig aus! Deshalb sollte der Verzehr dieser Fertigprodukte, zumindest während der direkten Diätphase, vermieden werden.

Generell wird man jedoch bei Kindern und Jugendlichen mit einem absoluten Verbot dieser heißgeliebten Dinge nicht sehr weit kommen. Gelegentlich eingestreute Mahlzeiten vom Pizzastand oder Hamburger-Lokal werden sich also nicht gänzlich vermeiden lassen. Doch solange dies nicht zur Gewohnheit oder Regelmäßigkeit wird, kann ab und zu mal ein Auge zugedrückt werden – allerdings nicht während einer Diät.
Damit Sie einen Überblick über den ungefähren Energiegehalt von Fast-Food-Produkten bekommen, haben wir die folgenden Tabellen für Sie zusammengestellt:

Produkt	circa kcal
Pizza je nach Größe und Belag	bis zu 1000
Currywurst (150 g) mit Curryketchup (40 g)	568
Bratwurst (150 g) mit Brötchen, Senf	692
Hamburger	260
Cheeseburger	321
Hamburger Royal	452
Hamburger Royal mit Käse	560
Big Mäc	552
Mc Rib ohne Saucen	432
Fischmäc	448
Chicken Mc Nuggets (6 Stück) ohne Saucen	287
Pommes frites (kleine Portion)	261
Chefsalat mit	157
Hausdressing	137
zusammen	294
Mexicanasalat mit	64
Kräuter-Dressing	153
zusammen	217
Apfeltasche	240
Erdbeershake	383
Vanilleshake	389
Schokoshake	373
H-Milch	163

(Diese Produkte heißen in den verschiedenen Fast-Food-Ketten unterschiedlich, die Kalorienzahl ist aber vergleichbar.)

Süßigkeiten Was wären Kinder ohne ihre Vorliebe für Süßes und Schleckereien? Speziell auf diese Altersgruppe ausgerichtete Werbung und gezielte Produktplazierung im Verkauf, genau in Augen- und Griffhöhe der Kleinen, verstärken in erheblichem Ausmaß das natürliche

Bedürfnis nach "süß", das so oft auf erschreckende Weise fast zur Sucht werden kann. Sind Kinder erst einmal auf Süßes eingestellt, so werden sie sich schwerlich durch Verbote ganz davon abbringen lassen – auch nicht, oder vielleicht erst recht nicht, während einer Diät. Deshalb empfiehlt es sich, auch in diesen Situationen Kindern reglementiert Süßes zu erlauben, allerdings gezielt und bewußt und eingebaut in den jeweiligen Diät-Speiseplan. Damit hilft man den Kindern, den Spaß an der neuen Ernährungsform nicht zu verlieren und steigert das Durchhaltevermögen.

Die nachfolgende Aufstellung hilft Ihnen sicher dabei, das Richtige auszusuchen. Mehr als 150 – 200 kcal pro Tag sollte auch ein normalgewichtiges Kind in Form von Süßigkeiten nicht bekommen, für ein Übergewichtiges ist bereits das zuviel. Versuchen Sie ihm klarzumachen, daß es Süßes ja auch in Getränken und zum Beispiel in süßem Brotaufstrich hat.
Und ganz wichtig: Anschließend das Zähneputzen nicht vergessen!

Produkt		**circa kcal**
Gummibärchen	1 Stück	5
Kaugummi	1 Stück	10
Vivil mit Zucker	1 Stück	10
Bonbons (im Durchschnitt)	1 Stück	20
Fruchtdrops	1 Stück	20
Pfefferminzdrops	1 Stück	20
Eisbonbon	1 Stück	20
Nimm 2	1 Stück	24
Traubenzucker	4 Stück à 8 g	100
Schokolinsen	4 Stück	20
Marzipankartoffeln	1 Stück	23

	Produkt		circa kcal
	Toffee	1 Stück	25
	Karamellen	1 Stück	25
	Mokkabohnen	6 Stück	50
	Treets	5 Stück	60
	Ostereier, Vollmilch	4 Stück, klein	100
	Ostereier mit Cremefüllung	1 Stück	100
	Katzenzungen	3 Stück	75
	Lakritz	100 g	350
	Vollmilchschokolade	100 g	560
	Nußschokolade	100 g	588
	Kinder-Schokolade	100 g	540
	Weiße Schokolade	100 g	570
	Negerkuß	1 Stück	80
	Duplo	1 Riegel (20g)	100
	Kinder-Milch-Schnitte	1 Stück	150
	Milky Way	1 Riegel (30g)	135
	Nuts	1 Riegel (50g)	260
	Bounty	1 Packung (2 Stück)	290
	Mars	1 Riegel (60g)	275
	Banjo	1 Packung (2 Stück)	290
	Hanuta	1 Stück (20g)	120
	Twix	1 Stück	295
	Snickers	1 Riegel (60g)	300
	Treets	100g	520
	Balisto	1 Riegel (20g)	105
Eis	Mini-Milk, Erdbeer o. Vanille	1 Stück	37
	Dolomiti-Eis	1 Stück	50
	Cola-Pop-Eis	1 Stück	50
	Berry-Eis	1 Stück	50
	Tip + Tap-Eis	1 Stück	50
	Flutschfinger	1 Stück	51
	Capri-Eis	1 Stück	61
	Sandwich-Eis	1 Stück	87
	Fruchteis	1 Kugel (75g)	105
	Vanilleeis	1 Kugel (75g)	150

Produkt		circa kcal
Nogger Eis	1 Stück	219
Cornetto Erdbeer	1 Stück	137
Schokoladeneis	1 Kugel (75 g)	200
Cornetto Nuß	1 Stück	177
Bottermelk fresh, Zitrone	1 Stück	152

Kuchen, Gebäck, Keks

Geburtstage, Familienfeste und Feiertage kann man sich ohne den Nachmittagskaffee mit Kuchen und Torten kaum vorstellen. Schlemmereien dieser Art ("Aber bitte mit Sahne ...") schlagen sich natürlich sehr negativ auf der Waage nieder – sie sind der Feind der schlanken Linie. Welche Energiegehalte ungefähr in Kuchen, Torten und Gebäck stecken, soll Ihnen diese Aufstellung verdeutlichen, damit Sie sie an anderer Stelle schnellstmöglich wieder einsparen können:

Kaloriengehalt einiger Kuchensorten pro Stück:

Produkt	circa kcal
Apfelstrudel	380
Biskuitrolle mit Sahnefüllung	170
Blätterteigstück, süß	260
Buttercremetorte	600
Käsekuchen	250
Königskuchen	270
Krapfen	220
Marmorkuchen	270
Obstkuchen	200
Quark-Sahne-Torte	400
Rosinenschnecke (Hefeteig)	170
Schokoladentorte	470
Topfenstrudel	310

Beim Selbstbacken von Kuchen und Gebäck lassen sich mit ein paar Tricks schon einige Kalorien einsparen, so daß Sie Ihrem Kind zum Beispiel an seinem Geburtstag trotz Diät etwas Leckeres bieten können. Versuchen Sie sich doch mal an folgenden Rezepten und beachten Sie auch die Rezepte für die Weihnachtsbäckerei!

Quark-Kirsch-Kuchen

(ergibt 16 Stück. Kuchen)
circa 87 kcal pro Stück

Zutaten:

60 g Halbfettmargarine
5 g Streusüße (kalorienreduziert)
4 Eier
100 g Mehl
1 gestrichener TL Backpulver
250 g Magerquark
Vanilleschote, abgeriebene Zitronenschale
300 g frische Sauerkirschen

Zubereitung:

Eigelb schaumig rühren, Streusüße dazugeben und weiterschlagen, Margarine, Quark und Gewürze dazu. Eiweiß steif schlagen, Mehl und Backpulver mischen und mit dem Eiweiß unterheben.
Masse in gefettete Backform füllen, Kirschen obenauf legen, bei mittlerer Hitze circa 25 - 30 Minuten backen (Stäbchenprobe!)

Gefüllte Nußrolle

(ergibt 5 Portionen)
circa 130 kcal pro Portion

Zutaten für den Teig:

2 Eier
50 g geriebene Haselnüsse
2 Süßstofftabletten
1 TL Kakao

Zutaten für die Fülle:

125 g Magerquark
1 Blatt Gelatine
1 TL Rum
Saft und Schale einer 1/2 Zitrone
flüssiger Süßstoff

Zubereitung:

Flüssigen Süßstoff mit Eigelb schaumig rühren, Eiweiß zu Schnee schlagen, Eigelbmasse dazu, Haselnüsse und Kakao dazugeben und unterheben. Auf gefettetes Pergamentpapier geben. Bei guter Mittelhitze backen und auskühlen lassen. Quark anmachen, kalt eingeweichte und heiß aufgelöste Gelatine dazu, Quarkmasse auf Nußrolle geben und aufrollen.

Quark-Hefezopf

(ergibt 10 Portionen)
circa 90 kcal. pro Portion

Zutaten:

160 g Mehl
100 g Magerquark
1 Ei
20 g Butter
10 g Hefe
1 Prise Salz
2 – 3 Süßstofftabletten (aufgelöst)

Zubereitung:

Hefeteig herstellen und gehen lassen, dann Zopf formen. Bei guter Mittelhitze backen.

Quark-Rohrnudeln

(ergibt 5 Stück)
circa 180 kcal pro Stück

Zutaten:

160 g Mehl
80 g Magerquark
1 kleines Ei
10 g Hefe
1 TL Milch
15 g Butter
1 Prise Salz
Zitronenschale
flüssiger Süßstoff

Zubereitung:

Hefeteig zubereiten und gehen lassen. 5 Rohrnudeln formen, in leicht gefettete Springform setzen und im vorgeheizten Backofen goldbraun backen.

Himbeer-omelette

(für 1 Person)
circa 260 kcal

Zutaten:

150 g Himbeeren
Süßstoff
2 Eier
1/2 TL Butter

Zubereitung:

2 Eiweiß steif schlagen, 2 Eigelb unterheben, Butter in der Pfanne heiß werden lassen, die Eimasse bei geringer Wärmezufuhr und geschlossener Pfanne stocken lassen. Omelette mit Himbeeren füllen und heiß servieren.

Sandwaffeln

(für 7 Waffeln)
circa 315 kcal
pro Waffel

Zutaten:

3 Eier
2 Eigelb
2 EL Zitronensaft
100 g Speisestärke
100 g Mehl
1/2 TL Zimt, gemahlen
1 gestrichener TL Backpulver
20 g Streusüße (kalorienreduziert) oder
3 TL flüssiger Süßstoff
2 Eiweiß
100 g flüssige, lauwarme Butter oder
Margarine
Waffeleisen
pro Backgang etwa 5 g Butter

Zubereitung:

Eier, Eigelb und Zitronensaft mit Hilfe einer Küchenmaschine oder eines Handrührgerätes zu einer schaumigen Masse schlagen. Speisestärke mit Mehl, Zimt, Backpulver und Streusüße mischen. Eiweiß zu steifem Schnee schlagen und auf die Eigelbmasse geben. Darüber das Mehlgemisch sieben und mit Butter einfetten. Drei Eßlöffel Teig reichen für eine Waffelform. Den Teig gut verstreichen, damit die Waffeln gleichmäßig dick werden.

Tip: Süßstoff flüssig entweder unter die Eigelbmasse oder unter den Eischnee mischen.

Schoko-Fondue
(für 5 Kinder)
circa 280 kcal
pro Portion

Zutaten:

300 g Äpfel
300 g Erdbeeren
200 g Birne
300 g Ananas
(Äpfel, Erdbeeren, Birne, Ananas: Frischobst)
300 g Schoko-Fertigsoße

Zubereitung:

Im Wasserbad eine Schokosoße im Fonduetopf erwärmen. Das Obst wird in circa 3 cm große Würfel oder Happen geschnitten und in verschiedenen Schüsseln angerichtet. Jedes Kind spießt sich dann die Fruchtstückchen auf den Fonduespieß. Nun kann die große Tunkerei losgehen.

Quark-fondue
(für 6 Personen)
circa 130 kcal
pro Person

Zutaten:

250 g Magerquark
1/8 l Magermilch
Saft von 1 Zitrone
Süßstoff nach Geschmack
5 EL blütenzarte Haferflocken (50 g)
1 kleiner Apfel
1 kleine Birne
1 Pfirsich
1 kleine Banane
100 g Weintrauben
100 g Erdbeeren

Zubereitung:

Aus Magerquark, Milch, Zitronensaft, Süßstoff und den Haferflocken eine Creme rühren. Das Obst kleinschneiden und auf bunte Cocktailspießchen aufspießen. Diese Obstspießchen werden dann durch die Quarkcreme gezogen.

Desserts, Nachspeisen

Süße Kalorienbomben zum Abschluß eines Essens können leicht Ausmaße annehmen, die an den Energiegehalt der Hauptmahlzeit heranreichen. So enthält zum Beispiel eine mittlere Portion:

Produkt	**circa kcal**
Tirami Su	365
Birne Hélène	330
Pfirsich Melba	330
Crêpe Suzette	300

Dafür können Sie bereits ein mageres Stück Fleisch oder Fisch mit Gemüse und Kartoffeln auf den Tisch bringen!
Industriell hergestellte Fertigdesserts und -puddings im Becher schlagen auch schon mit 130 – 170 kcal und mehr zu Buche. Dennoch wird man einem Kind kaum dauerhaft das Süße nach dem Essen vorenthalten können. Als relativ kalorienarme Lösung bieten sich diese Rezepte an, die auch ein kleiner "Diätler", genau wie die Milchzubereitungen auf Seite 47, ab und zu mal nach dem Mittagessen genießen darf.

Joghurt-Himbeer-Speise

(für 4 Personen)
circa 70 kcal
pro Person

Zutaten:

6 Blatt weiße Gelatine
250 g Himbeeren (frisch oder tiefgekühlt)
2 Becher Magerjoghurt (à 150 g)
flüssiger Süßstoff nach Geschmack

Zubereitung:

Gelatine in kaltem Wasser einweichen. Himbeeren waschen, verlesen und gut abtropfen lassen (oder nach Vorschrift auftauen lassen). Einige davon als Verzierung zurückbehalten, die anderen pürieren und durch ein Haarsieb streichen. Joghurt verquirlen, das Himbeerpüree dazugeben, mit flüssigem Süßstoff abschmecken. Gelatine ausdrücken, auflösen und in die Joghurt-Fruchtmasse rühren. In 4 Förmchen füllen, im Kühlschrank erstarren lassen. Vor dem Servieren die Förmchen kurz in heißes Wasser tauchen, die Speise dann auf ein Glastellerchen stürzen und mit Himbeeren garnieren.

Gekühlter Apfelschnee

(für 4 Personen)
circa 80 kcal
pro Person

Zutaten:

500 g Kochäpfel
1/4 Tasse Wasser
3 EL Zitronensaft
flüssiger Süßstoff nach Geschmack
4 Eiweiß
1 Zitrone

Zubereitung:

Äpfel schälen und raspeln. In einen Topf geben. Wasser und Zitronensaft zufügen. Im geschlossenen Topf circa 10 Minuten kochen lassen. Gelegentlich umrühren. Mit dem Schneebesen schaumig schlagen, nach Geschmack süßen und eventuell noch mit etwas Zitronensaft nachwürzen. Diesen Apfelschaum gut auskühlen lassen. Eiweiß zu sehr steifem Schnee schlagen und unterheben. Apfelschnee in einer Schale mindestens 4 Stunden einfrieren. Mit einem Eßlöffel das Eis zu Schnee abschaben und in Portionsschälchen, mit sehr dünn geschnittenen Zitronenscheiben garniert, anrichten.

Bunte Quarkspeise
(für 4 Personen)
circa 150 kcal
pro Person

Zutaten:

500 g Magerquark
2 TL flüssiger Süßstoff
Prise Salz
100 g Erdbeeren
1/2 Vanilleschote
1 Eigelb
1 EL Kakaopulver (10 g)
2 EL Magermilch

Zubereitung:

Quark mit Süßstoff und Salz glattrühren und abschmecken. In drei Teile teilen. Erdbeeren waschen und pürieren und mit einem Drittel Quark mischen. Ins nächste Drittel das Vanillemark und das Eigelb rühren. Ins letzte Quarkdrittel den Kakao mit der Milch mischen. Alles lagenweise in Gläser schichten. Mit einer Erdbeere garnieren.

Joghurtdessert
(für 4 Personen)
circa 75 kcal
pro Person

Zutaten:

175 g Magerjoghurt
3 EL Zitronensaft
5 EL Apfelsaft
Mark einer 1/2 Vanilleschote
abgeriebene Schale einer 1/2 Zitrone
flüssiger Süßstoff nach Geschmack
5 Blatt rote Gelatine

3 Eiweiß
10 EL Cornflakes (20 g)

Zubereitung:
Joghurt, Zitronensaft und Apfelsaft mit den Gewürzen verquirlen und mit Süßstoff abschmecken. Gelatine in kaltem Wasser einweichen, ausdrücken und in einem Topf bei geringer Hitze auflösen (nicht aufkochen!), unter die Joghurtmasse rühren und das Ganze kalt stellen. Eiweiß zu sehr steifem Schnee schlagen, unter die Joghurtmasse heben, sobald diese zu stocken beginnt. Die Speise auf 4 Gläser verteilen, kühl stellen und vor dem Servieren die Cornflakes daraufstreuen.

Orangengelee
(für 1 Person)
circa 100 kcal

Zutaten:

1/8 l Orangensaft
1 1/2 Blatt weiße Gelatine
Süßstoff nach Geschmack
1 EL Magerquark zum Verzieren

Zubereitung:
Orangensaft erwärmen. Blattgelatine nach Vorschrift einweichen und ausdrücken, dann im erwärmten Orangensaft auflösen. Das Ganze mit Süßstoff abschmecken und kalt stellen. Mit Quarktupfern verzieren.

Erdbeerbecher
(für 1 Person)
circa 125 kcal

Zutaten:

2 EL Hüttenkäse (60 g)
1 EL Magerjoghurt

125 g Erdbeeren
Süßstoff nach Geschmack

Zubereitung:
Hüttenkäse mit Joghurt, Süßstoff und den pürierten Erdbeeren (einige zum Garnieren zurückbehalten!) vermischen. Mit Erdbeeren verzieren.

Milchprodukte – kindgerecht

Der ernährungsphysiologische Wert von Milch und Milchprodukten wurde bereits in Band I erläutert. Im Wachstum ist für gesunde Knochen und Zähne auf das in der Milch reichlich vorhandene Calcium nicht zu verzichten. Auch Eiweiß, Vitamine und andere Mineralstoffe werden hierdurch reichlich geliefert. Milch, Kakao, Milchfrischprodukte und Käse sollten deshalb in der Kinderernährung nicht fehlen.

Damit aber auch Kinder, die keine Trinkmilch mögen, ausreichend mit den wertvollen Milchinhaltsstoffen versorgt werden können, folgen hier einige kalorienarme Zubereitungen aus Milchprodukten, sowohl süß als auch pikant, die sicher allen Kindern schmecken.

Milchmixgetränke
circa 100 kcal

- 1/2 Banane, 150 ml Magermilch, Süßstoff
- 50 g Blaubeeren, 200 ml Buttermilch, Süßstoff
- 50 g Himbeeren, 50 g Johannisbeeren, 150 ml Buttermilch, Süßstoff
- 100 g Aprikosen, 150 ml Magermilch, Süßstoff
- 125 ml Buttermilch, 100 ml Orangensaft, Süßstoff

Die Früchte pürieren, mit Milch auffüllen, süßen, kräftig durchschlagen. Servieren Sie die Getränke frisch und ziemlich kühl.

Früchtequark/ Müsli
circa 150 kcal

- 1/8 l Buttermilch, 1 kleiner gewürfelter Apfel, 2 EL Haferflocken mit Süßstoff abschmecken
- 3 EL Magerquark, 1 Orange, 125 g Erdbeeren mit Zitronensaft und Süßstoff abschmecken
- 150 g Magerjoghurt, 1/2 Orange, 1 EL Haferflocken mit Zitronensaft und Süßstoff abschmecken
- 150 g Magerjoghurt mit Frucht, 3 EL Cornflakes und 1 EL Weizenkeime mischen

Pikantes
circa 100 kcal

- 2 EL Magerquark mit Schnittlauch, Pfeffer, Salz und wenig Wasser anrühren, dazu 1/2 Scheibe Leinsamenbrot
- 1 Scheibe mageren gekochten Schinken würfeln, mit 1 EL Magerquark, etwas Wasser, Pfeffer, Salz verrühren, dazu 1 Scheibe Knäckebrot
- 1 Scheibe Knäckebrot mit 2 EL Kräuterquark 20% F. i. Tr., 1 Bund Radieschen

Advent, Weihnachten

Daß sich Advents- und Weihnachtszeit kalorienreicher präsentieren als die übrige Zeit des Jahres, ist schwerlich zu vermeiden. Dennoch ist es auch im Dezember möglich, mit ein wenig Sachkenntnis gezielt Kalorien einzusparen bzw. dosiert zu naschen. Die Tabelle soll Ihnen dabei helfen:

Kaloriengehalt weihnachtlicher Spezialitäten

Produkt		**circa kcal**
Pfefferkuchenherzen	1 Stück	25
Vanillekipferl	1 Stück	25
Pfeffernüsse	1 Stück	25
Springerle	1 Stück	40
Anisplätzchen	1 Stück	40
Dominosteine	1 Stück	45
Spritzgebäck	1 Stück	45

Produkt		circa kcal
Spekulatius	1 Stück	50
Zimtsterne	1 Stück	60
Makronen	1 Stück	60
Bethmännchen	1 Stück	85
Aachener Printen	1 Stück	85
Heidesand	1 Stück	85
Nuß-Plätzchen	1 Stück	100
Buttergebäck	1 Stück	100
Baseler Leckerli	1 Stück	100
Schlosserbuben	1 Stück	125
Nürnberger Lebkuchen	1 Stück	165
Früchtebrot	1 Scheibe (100 g)	350
Honigkuchen	1 Stück (100 g)	350
Christstollen	1 Scheibe (100 g)	405
Schokolinsen	4 Stück	20
Marzipankartoffeln	1 Stück	25
Rumkugeln, Ø 2 cm	1 Stück	60
Kokosflockenkonfekt	1 Stück	65
Trüffel-Konfekt	1 Stück	70
Kandierte Früchte	100 g	335
Türkischer Honig	100 g	385
Türkischer Honig mit Nüssen	100 g	445

Wenn Sie selbst backen wollen, versuchen Sie es vielleicht mal mit diesen Rezepten.

Schokoladenherzen

insgesamt
circa 1425 kcal
(je 47 kcal
bei 30 Stück)

Zutaten:

200 g Mehl
1 TL Backpulver
1 Ei
50 g Margarine
2 TL flüssiger Süßstoff
15 g Kakao
25 g Mandeln

Zubereitung:
Mehl mit Backpulver auf ein Backbrett sieben. Ei, Margarine, flüssigen Süßstoff und Kakao hinzufügen und alle Zutaten zu einem Teig verkneten. 30 Minuten kalt stellen. Gleichmäßig ausrollen und Herzen ausstechen. Abgezogene, gehackte Mandeln daraufstreuen und auf gefettetem Backblech bei mittlerer Hitze backen.

Weihnachtsbaumkringel

circa 4 kcal pro 7 g-Kringel

Zutaten:

4 Eiweiß
5 TL flüssiger Süßstoff
1/2 TL Zitronensäure
1 Prise Zimt

Zubereitung:
Eiweiß mindestens 30 Minuten in den Kühlschrank stellen. Dann die Hälfte des Süßstoffes zufügen und mit dem Rührbesen des elektrischen Handrührgerätes auf Stufe 1 15 Minuten schlagen. Dann den restlichen Süßstoff zufügen und auf Stufe 2 so lange weiterschlagen, bis die Masse glänzt und der Eischnee kleine Spitzen bildet. Die Masse in einen Spritzbeutel mit kleiner gezackter Tülle füllen. Auf ein mit Backpapier ausgelegtes Backblech kleine doppelte Kringel spritzen, die etwa 1/2 cm hoch sein sollen. Das Blech in den vorgeheizten Backofen schieben. Bei 100° C (Elektro) oder Stufe 1 (Gas) etwa 30 Minuten bei spaltbreit geöffneter Tür trocknen lassen. Dann auf 75° C (Elektro) herunterschalten und weitere 50 Minuten trocknen lassen.

Die Kringel sind fertig, wenn sie beim Anfassen nicht mehr nachgeben und sich auf dem Papier hin- und herschieben lassen.
Tip: Die Kringel lassen sich gut als Weihnachtsdekoration verwenden, wenn man ein rotes oder goldenes Band daranbindet!

Mürbe Mandelplätzchen

insgesamt circa 3121 kcal (je 52 kcal bei 60 Stück)

Zutaten:

200 g Margarine oder Butter
20 g kalorienarme Streusüße
1 TL Flüssigsüßstoff
2 Eigelb
300 g Mehl
1/2 Eiweiß
60 g (= 40 Stck.) Mandeln
eventuell etwas Buntzucker

Zubereitung:

Fett schaumig schlagen, Süßstoff und Eigelb dazugeben und weiterschlagen. Das Mehl unterkneten und mindestens 1 Stunde, in Alufolie verpackt, kühl stellen. Dann den Teig ausrollen, verschiedene Formen ausstechen und auf ein mit Backtrennpapier belegtes Blech legen. Das 1/2 Eiweiß verschlagen und die Plätzchen damit bepinseln. Abgezogene Mandelhälften daraufsetzen und eventuell mit etwas Buntzucker bestreuen. Bei 200° C 10 Minuten backen.

Kokosmakronen

insgesamt circa 936 kcal (je 36 kcal bei 26 Stück)

Zutaten:

2 Eiweiß
10 g kalorienreduzierte Streusüße
140 g Kokosraspeln
abgeriebene Zitronenschale

Zubereitung:

Das Eiweiß mit der Streusüße steif schlagen. Die Kokosflocken im Backofen circa 5 Minuten trocknen, wenn sie abgekühlt sind, mit der Zitronenschale unter den Eischnee heben. Blech mit Backtrennpapier belegen und circa 26 Häufchen daraufsetzen. Bei 160° C etwa 20 Minuten backen.

Nußkipferl

insgesamt circa 2266 kcal (je 1890kcal bei 12 Stück)

Zutaten:

250 g Mehl
etwa 1/8 l lauwarme Milch
1 1/2 TL flüssiger Süßstoff
100 g Butter
2 Eigelb
Saft und Schale von einer 1/2 Zitrone
Eiweiß zum Bestreichen
gehackte Nüsse zum Einrollen

Zubereitung:

Mehl in eine Schüssel sieben, in die Mitte eine Vertiefung drücken, die in Milch aufgelöste Hefe und flüssigen Süßstoff hineingeben und mit etwas Mehl verrühren. Wenn das Hefestück Blasen wirft, die restlichen Zutaten in den Teig arbeiten und ihn so lange schlagen, bis er weich und glatt ist. Zum Gehen an einen warmen Ort stellen. Danach 12 kleine gleichmäßige Würstchen formen, diese in Eiweiß und gehackten Nüssen wenden und bei mittlerer Hitze im vorgeheizten Backofen knusprig braun backen. Die Backzeit beträgt etwa 15 - 20 Minuten.

Und damit der Festtagsbraten nicht aus der fetten Weihnachtsgans besteht, könnten Sie sich doch im Interesse der schlanken Linie mal an eines dieser Rezepte wagen:

Wildschweinbraten mit Apfelrotkohl
(für 6 Personen)
circa 400 kcal
pro Person

Zutaten:

750 g Wildschweinbraten (aus der Keule)
3 EL Schmalz (30 g)
1200 g Rotkohl
3 Äpfel
3 Zwiebeln
Gewürznelken, Salz, Essig,
Wacholderbeeren
600 g Kartoffeln

Zubereitung:

Wildschweinfleisch nach Bedarf 1 - 2 Tage in Buttermilch einlegen, abtrocknen und mit Salz und zerstoßenen Wacholderbeeren einreiben. Römertopf vor Gebrauch 10 Minuten wässern. Den Braten in der geschlossenen Form in den kalten Ofen schieben und bei 250° C circa 2 Stunden garen. Inzwischen Schmalz für den Rotkohl zerlassen, feingeschnittenen Kohl darin andünsten. Apfelstücke, die mit Nelken gespickten Zwiebeln und etwas Wasser dazufügen und circa 1 Stunde garen. Anschließend mit Essig und etwas Süßstoff nach Geschmack abschmecken. Dazu Salzkartoffeln, eventuell mit einigen Kümmelkörnern, kochen.

Banane in Rotwein

(für 6 Personen)
circa 100 kcal
pro Person

Zutaten:

9 Blatt rote Gelatine
300 ccm Rotwein
300 ccm Wasser
2 Bananen
Süßstoff, gemahlene Nelken
1/8 l Schlagsahne

Zubereitung:

Gelatine in Wasser einweichen, abgießen und Gelatine unter Rühren auflösen, nicht kochen lassen. Mit Rotwein und Wasser ablöschen und mit Süßstoff und Nelken abschmecken. In eine kalt ausgespülte Form einen Spiegel gießen, erstarren lassen und die Bananenscheiben darauf anrichten. Etwas Flüssigkeit darauf geben und nach kurzem Erstarren die restliche Flüssigkeit nachgießen. Im Kühlschrank fest werden lassen. Zum Stürzen die Form kurz in heißes Wasser tauchen und auf eine Platte stürzen. Mit Bananenscheiben und der steifgeschlagenen Sahne verzieren.

Gefülltes Huhn

(für 4 Personen)
circa 820 kcal
pro Person

Zutaten:

1 Poularde (1200 g)
2 EL Margarine (20 g)
2 EL gehackte Walnüsse (20 g)
2 EL Pinienkerne (20 g)

2 EL gehackte Mandeln (20 g)
8 EL Semmelbrösel (80 g)
2 EL Rosinen (20 g)
1 EL Korinthen (20 g)
Salz, Pfeffer, Süßstoff, etwas Fleischbrühe

Zubereitung:

Poularde von innen und außen salzen und pfeffern. In heißer Margarine Nüsse und Kerne anrösten, Semmelbrösel, Rosinen und Korinthen dazugeben, mit etwas heißer Brühe zu einem dicken Brei rühren und mit Süßstoff abschmecken. Die Füllung auskühlen lassen und dann die Poularde damit füllen, zunähen. Im vorgeheizten Ofen bei 200° C unter Begießen in 2 Stunden knusprig braun braten.

Beilage:

150 g Reis (Rohgewicht),
grüner Salat mit Joghurt-Marinade

Gebratener Puter mit feiner Füllung

(für 10 Personen)
circa 910 kcal
pro Person

Zutaten:

1 Puter (circa 3 kg)
200 g Putenleber
1 Bund Petersilie
3 Eier, gelb und weiß getrennt
2 in Milch eingeweichte Brötchen
1 EL Butter (10 g)
100 g Rosinen
Salz, Pfeffer, Süßstoff, Zimt und Muskatnuß
5 EL Öl
2 Möhren
2 Stangen Lauch

1 Apfel
2 EL Butter (20 g)

Zubereitung:

Puter innen und außen salzen. Leber mit Petersilie durch den Fleischwolf drehen, mit Eigelb, eingeweichten Brötchen und Butter verkneten, Rosinen zugeben. Gut würzen und das steifgeschlagene Eiweiß unterziehen. Den Puter damit füllen und zunähen. 1 Eßlöffel Öl in der Kasserolle erhitzen, Gemüse und Apfel, grob geschnitten, hineingeben und anbraten. Restliches Öl gesondert erhitzen. Puter mit der Brust nach oben auf das Gemüsebett legen, mit dem heißen Öl übergießen. Ofen auf 180° C vorheizen, unter Begießen 2 Stunden braten. Dann mit Butter bestreichen und noch eine Stunde weiterbraten. Ob der Puter gar ist, stellt man durch Gabelstiche in die Keule fest. Der austretende Saft muß farblos und klar sein.

Beilage:

10 Kartoffelknödel halb und halb à 90 g,
2 kg Apfel-Rotkohl (möglichst fettarm).

Rezeptvorschläge für Reduktionsdiäten mit 1200 kcal und 1500 kcal

Auf den folgenden Seiten finden Sie eine Auswahl kindgerechter Rezepte, die bei richtiger Zusammenstellung zur Gewichtsabnahme geeignet sind. Sie können mit diesen Vorschlägen nach dem Prinzip eines Baukastens wahlweise eine Diät mit 1200 kcal oder 1500 kcal zusammenstellen. Für jede Mahlzeit des Tages haben wir sieben Rezepte erstellt, die frei miteinander kombinierbar sind. Sie können also ganz nach dem Geschmack des Kindes wählen, welches Frühstück es zum Beispiel am Montag mag, mit welchem Mittagessen Sie es am meisten erfreuen können usw. Selbstverständlich kann die ganze Familie mitessen und während der Diätwoche bei Bedarf gemeinsam mit dem Kind abnehmen. Die Rezepte sind dem Kinder-Ernährungs-Beratungs-System (EBS) entnommen (siehe Band 1).
Achten Sie bei Ihrer Rezeptauswahl auf Abwechslung, und beachten Sie die allgemeinen Regeln aus dem ersten Band.

Die Zwischenmahlzeit am Nachmittag sollten Sie als "Joker" einsetzen, um die Diät ausgewogen zu gestalten: Fehlt es bei Ihrer geplanten Zusammenstellung noch an Obst, dann gibt es das am Nachmittag, oder Milch bzw. ein Milchprodukt, wenn diese Nahrungsmittelgruppe noch etwas zu kurz gekommen ist. Die süßen Schleckereien sollten Sie nur dann einplanen, wenn in den anderen Rezepten an dem Tag noch nichts zum Naschen vorgesehen ist. Eine Süßigkeit pro Tag genügt.

Zum Trinken bieten Sie Ihrem Kind zusätzlich bitte möglichst kalorienfreie Getränke an, also Mineralwasser oder Früchte-Tee. Davon soll es reichlich geben, denn Sie wissen ja: mindestens 1,5 bis 2 Liter täglich sind während einer Diät nötig.

Die Rezepte sind alle für eine Person berechnet. Ißt die Familie mit, vergrößern Sie einfach die Menge entsprechend der Personenzahl.

Obst und Gemüse kann gegebenenfalls der Saison angepaßt werden, aber bitte achten Sie darauf, daß sich der Kaloriengehalt des Rezeptes dadurch nicht verändert.

Wenn Sie die Diät für Ihr Kind über einen längeren Zeitraum als eine Woche durchführen wollen, dann geben Sie sicherheitshalber ab und zu eine Vitamin- bzw. Mineralstoffergänzung.

1200 kcal – Frühstücksvorschläge mit ca. 200 kcal

Nuß-Nougat-Brot mit Banane

Zutaten:

45 g Leinsamenbrot(1 Scheibe)
10 g Nuß-Nougat-Creme-Brotaufstrich (1 EL)
1/2 kleine Banane

Zubereitung:

Brot mit Nuß-Nougat-Creme bestreichen, mit der in Scheiben geschnittenen Banane belegen.

Brot mit Bierschinken

Zutaten:

50 g Roggenvollkornbrot (1 Scheibe)
5 g Butter/Margarine (1 gestrichener TL)
15 g Bierschinken (1 Scheibe)

Früchtemüsli

Zutaten:

90 g Magerquark (3 EL)
5 g Zitronensaft (1 TL)
30 g Apfelsinensaft (2 EL)
1 kleiner Apfel
1/2 Banane
2 g Cornflakes (1 EL)

Zubereitung:

Quark mit Zitronensaft, Orangensaft, geriebenem Apfel und Bananenscheiben vermischen, Cornflakes darübergeben.

Knäckebrot mit Schinken und Ei

Zutaten:

10 g Knäckebrot (1 Scheibe)
30 g gekochten Schinken, mager (1 Scheibe)
1 Ei

Zubereitung:

Ei weichkochen, Knäckebrot mit Schinken belegen.

Rosinenmüsli

Zutaten:

2 g Cornflakes (1 EL)
20 g Haferflocken (2 EL)

45 g Apfelsinensaft (3 EL)
5 g Rosinen (1 TL)
150 g Magerjoghurt ohne Frucht (1 Becher)

Zubereitung:
Haferflocken, Orangensaft und Rosinen mit Joghurt verrühren, Cornflakes darüberstreuen.

Brötchen mit Marmelade

Zutaten:

40 g Brötchen (1 Stück)
10 g Butter/Margarine (1 TL)
10 g Marmelade/Diabetikermarmelade (1 TL)

Käse-quarkbrot

Zutaten:

25 g Schmelzkäse 30% Fett i. Tr.
45 g Magerquark (3 TL)
50 g Roggenvollkornbrot (1 Scheibe)
etwas Pfeffer
etwas Schnittlauch

Zubereitung:
Käse mit Quark verrühren, würzen, auf das Brot streichen.

Vorschläge für das Schulbrot bzw. das zweite Frühstück mit circa 300 kcal

Schinkenknäcke mit Joghurt und Obst

Zutaten:

20 g Sesamknäckebrot (2 Scheiben)
5 g Halbfettmargarine (1/2 TL)
30 g Schinken/Lachsschinken (3 Scheiben)
1/2 Bund Radieschen
2 Salatblätter

Dazu:

150 g Trinkjoghurt Banane oder Orange (1 Becher)
1 kleine Birne oder Orange oder ein kleiner Apfel

Käsebrot und Milch

Zutaten:

45 g Bauernbrot (1 Scheibe)
25 g Butterkäse 50% Fett i. Tr.
1/2 kleine Salatgurke (150 g)

Dazu:

200 g fettarme Milch

Wurstbrot und Obst

Zutaten:

45 g Graubrot (1 Scheibe)
5 g Halbfettmargarine (1/2 L)
30 g fettarme Wurst (2 Scheiben)
2 Salatblätter, 1 kleines Stück Senfgurke

Dazu:

1 kleine Birne oder Orange oder kleiner Apfel

Käseknäcke und Trinkjoghurt

Zutaten:

20 g Knäckebrot (2 Scheiben)
30 g Schmelzkäse 20% Fett i. Tr.
1/2 kleine Salatgurke (150 g)

Dazu:

150 g Trinkjoghurt Erdbeere, Kirsch (1 Becher)

Brötchen mit Kalbsbraten und Trinkjoghurt

Zutaten:

40 g Brötchen (1 Stück)
5 g Halbfettmargarine (1/2 TL)
50 g Kalbsbraten, kalt (2 Scheiben)
2 Salatblätter
1/2 kleine Salatgurke (150 g)

Dazu:

150 g Trinkjoghurt Erdbeere, Kirsch (1 Becher)

Corned-Beef-Frühstück und Milch

Zutaten:

40 g Grahambrot (1 Scheibe)
5 g Halbfettmargarine (1/2 Teelöffel)
2 Salatblätter
30 g Corned-Beef (1 Scheibe)
1 kleine Gewürzgurke

Dazu:

200 g fettarme Milch 1,5% Fett (1 Tüte)
1 kleiner Apfel

Kalbskäse-brot und Milch

Zutaten:

45 g Bauernbrot (1 Scheibe)
5 g Halbfettmargarine (1/2 TL)
30 g Kalbskäse (1 Scheibe)
1 kleine Gewürzgurke
2 Salatblätter

Dazu:
200 g fettarme Milch 1,5% Fett (1 Tüte)

Vorschläge für Mittagessen mit circa 350 kcal

Kalbs-frikassee

Zutaten:

150 g Kalbfleisch, mager
1/4 Liter Wasser
Zitronensaft nach Geschmack
wenig Salz
wenig Pfeffer
30 g Schlagsahne 30% Fett i. Tr. (2 EL)
100 g Spargel (1 kleine Dose)
Petersilie, gehackt, nach Geschmack
2 EL Reis (Rohgewicht)

Zubereitung:
Fleisch weichkochen, würzen, Sahne, Spargelabschnitte und kleingewürfeltes Fleisch zusammengeben, Petersilie darüberstreuen, dazu körnig gekochter Reis.

Blumenkohl im Kräuterbett

Zutaten:

250 g Blumenkohl (1/2 Kopf)
5 g Instant Klare Brühe (1 gestrichener TL)
5 g Butter/Margarine (1 gestrichener TL)
5 g Mehl (1 gestrichener TL)
15 g Schlagsahne 30% Fett i. Tr., (1 EL)
etwas Salz
1 EL Petersilie, gehackt
1 TL Basilikum
1/2 TL frischer Dill
1/2 TL Zitronenmelisse
120 g Kartoffeln (2 Stück)

Zubereitung:

Blumenkohl in Salzwasser garen, dann das Kochwasser abgießen und 1/4 Liter davon aufbewahren. Blumenkohl warm stellen. In dem 1/4 Liter Kochwasser die gekörnte Brühe auflösen. Aus Butter, Mehl und Brühe eine helle Soße herstellen, mit Sahne und Kräutern abschmecken und den Blumenkohl mit der grünen Soße übergießen. Dazu gekochte Kartoffeln.

Zusätzlich:

1 Negerkuß

Rahm-Makkaroni mit Salat

Zutaten:

60 g Makkaroni (Rohgewicht)
5 g Sonnenblumenmargarine (1 gestrichener TL)
30 g saure Sahne (1 EL)
5 g Parmesankäse, 30% Fett i. Tr., (1 TL)
etwas Paprika-Pulver

etwas Salz
wenig Muskat

Zutaten für den Salat:
50 g Kopfsalat (1 Portion)
5 g Sonnenblumenöl (1 TL)
Essig nach Geschmack
etwas Salz und Pfeffer
reichlich Petersilie

Zubereitung:
Fett in einem Topf zerlassen und die gekochten Makkaroni dazugeben. Den Rahm, die Gewürze und den Käse verquirlen und darübergießen. Zugedeckt bei kleiner Hitze 5 - 10 Minuten dünsten, dazu grünen Salat.

Kartoffelpfanne mit Huhn und Salat

Zutaten:

150 g Hühnerbrust
1 kleine Zwiebel
10 g Sonnenblumenöl (1 EL)
120 g Kartoffeln (2 Stück)
etwas Salz und Pfeffer
etwas Rosmarin
etwas Paprika-Pulver

Zutaten für den Salat:
50 g Kopfsalat (1 Portion)
1 kleine Tomate
30 g Magerjoghurt ohne Frucht (2 EL)
etwas Salz und Pfeffer
wenig Süßstoff

wenig frischer Dill
2 Spritzer Zitronensaft

Zubereitung:

Gewürfelte Hähnchenbrust und Zwiebel in heißem Öl anbraten, in Scheiben geschnittene Pellkartoffeln dazugeben, mit etwas Wasser ablöschen, mit Gewürzen abschmecken. Dazu gemischten Salat mit Joghurtmarinade.

Grillfisch und Kopfsalat

Zutaten:

200 g Seelachsfilet
Zitronensaft nach Geschmack
etwas Salz und Pfeffer
5 g Sonnenblumenöl (1 TL)
Zitronenspalte (2 Stück)
120 g Kartoffeln (2 Stück)
45 g entrahmte Magermilch 0,3% Fett (3 EL)
etwas Salz
wenig Muskat
1 kleine Tomate

Zubereitung:

Seelachsfilet waschen, abtupfen, in Zitronensaft circa 5 Minuten säuern, salzen und pfeffern. Mit Öl einpinseln und auf jeder Seite circa 5 Minuten grillen (oder in Alufolie im Backofen garen). Kreuzweise eingeschnittene Tomate würzen und mitgrillen. Aus den beiden Kartoffeln mit Milch und eventuell Kartoffelwasser ein Püree herstellen. Mit Salz und Muskat abschmecken.

Zutaten für den Kopfsalat:

50 g Kopfsalat (1 Portion)
30 g Magerjoghurt ohne Frucht (2 EL)
5 g Sonnenblumenöl (1 TL)
wenig Essig
etwas Salz und Pfeffer
etwas Knoblauchpulver
gemischte Kräuter nach Geschmack

Pellkartoffeln mit Quark und Salat

Zutaten:

180 g Kartoffeln (3 Stück)
120 g Magerquark (4 EL)
45 g entrahmte Magermilch 0,3 % Fett (3 EL)
etwas Salz und Pfeffer
etwas Knoblauchpulver
wenig Schnittlauch, wenig Kümmel

Zubereitung:

Quark mit Zutaten verrühren, zu den gekochten Kartoffeln essen.

Zutaten für den grünen Salat mit Apfelsine:

50 g Kopfsalat (1 Portion)
1 kleine Apfelsine
45 g Magerjoghurt ohne Frucht (3 EL)
Süßstoff nach Geschmack
Zitronensaft nach Geschmack

Zubereitung:

Salat putzen. Apfelsine in Stücke schneiden. Salatsoße zubereiten, Apfelsine zugeben, durchziehen lassen, kurz vor dem Anrichten Salat unterheben.

Käseburger und kleiner gemischter Salat

Zutaten:

60 g Beefsteakhack (Tartar)
etwas Paprika-Pulver
etwas Salz und Pfeffer
5 g Sonnenblumenmargarine (1 gestrichener TL)
20 g Gouda 45% Fett i. Tr., (1 Scheibe)
20 g Brötchen (1/2 Stück)

Zubereitung:

Hack mit Wasser und Gewürzen vermischen, Hamburger formen, in heißem Fett braten, auf die Brötchenhälfte legen, Käsescheibe darauf geben, kurz überbacken.

Zutaten für den Salat:

50 g Kopfsalat (1 Portion)
1 kleine Tomate
1/2 kleine Salatgurke (150 g)
5 g Sonnenblumenöl (1 TL)
Essig nach Geschmack
reichlich gemischte Kräuter
etwas Salz und Pfeffer

Zubereitung:

Aus Öl, Essig, Gewürzen und Kräutern eine Soße bereiten, zerkleinertes, gewaschenes Gemüse dazugeben, sofort servieren.

Vorschläge für Nachmittags-Zwischenmahlzeiten mit circa 100 kcal

Im Rahmen seines Diätplans mit 1200 kcal pro Tag darf Ihr Kind am Nachmittag circa 100 kcal zu sich nehmen. Sie können anhand der unten aufgeführten Vorschläge mit 50 kcal bzw. 100 kcal selbst variieren bzw. zusammenstellen. Bitte vergessen Sie dabei nicht, daß diese Mahlzeit als ein "Joker" zur Ergänzung noch fehlender Nahrungsmittelgruppen in Ihrem selbst zusammengestellten Speiseplan zu betrachten ist.

circa 50 kcal

- 1 kleine(r) Apfel, Pfirsich, Birne oder Orange
- 1/2 Banane
- 150 g Wassermelone
- 100 g Johannisbeeren/Brombeeren/Erdbeeren/Himbeeren
- 100 g Pflaumen
- 3 kleine Möhren
- 1 Glas Gemüsesaft (200 ml)
- 1 Becher Magerjoghurt ohne Frucht
- 1 Glas Molke (200 ml)
- 1 Glas Magermilch (150 ml)
- 1 Glas Buttermilch (150 ml)

circa 100 kcal

- 1 kleines Stück Obstkuchen
- 5 Löffelbiskuits
- 1 Zwieback, 1 EL Magerquark, 1/2 TL Marmelade
- 1 Knäcke, 15 g magere Kalbsleberwurst, 1 kl. Tomate
- 1 Becher Vollmilchjoghurt ohne Frucht
- 1 Becher Magermilchjoghurt mit Frucht
- 1 Glas fettarme Milch (200 ml)

Wenn Sie Ihrem Kind Süßigkeiten anbieten wollen, dann wählen Sie bitte eine Kleinigkeit mit maximal 100 kcal aus der Tabelle auf Seite 35 aus. Allerdings nur, wenn an diesem Tag im Speiseplan noch nichts zum Naschen vorgesehen ist. Selbstverständlich können Sie die nachmittägliche Zwischenmahlzeit auch mit den Milchzubereitungen auf Seite 47 oder den Desserts von Seite 43 gestalten. Achten Sie jedoch bitte unbedingt auf den Energiegehalt.

Vorschläge für ein Abendessen mit circa 250 kcal

Wurstbrot

Zutaten:

45 g Bauernbrot (1 Scheibe)
5 g Halbfettmargarine (1/2 TL)
15 g Gelbwurst (1 Scheibe)
1 Salatblatt

Dazu:

1 kleiner Apfel

Eiersalat

Zutaten:

2 Eier
50 g Champignons
30 g Magerjoghurt ohne Frucht (2 EL)
etwas Salz
etwas Pfeffer
etwas Currypulver
Zitronensaft nach Geschmack
Petersilie

1 Salatblatt
20 g Knäckebrot (2 Scheiben)

Zubereitung:
Eier hartkochen, mit Champignons auf dem Salatblatt anrichten, Joghurtmarinade darüber geben.

Hamburger

Zutaten:

60 g Beefsteakhack (Tartar)
etwas Wasser
etwas Salz und Pfeffer
5 g Butter/Margarine (1 gestrichener TL)
1 Salatblatt
20 g Brötchen (1/2 Stück)
10 g Tomatenketchup (1 TL)
1 kleine Tomate

Zubereitung:
Hack mit Wasser und Gewürzen vermischen, Hamburger formen, in heißem Fett braten, Salatblatt auf die Brötchenhälfte legen, darauf den Hamburger und Ketchup.

Dazu:
1 kleiner Apfel

Schinkenbrot mit Radieschen

Zutaten:

50 g gekochten Schinken, mager
40 g Grahambrot (1 Scheibe)
10 g Knäckebrot (1 Scheibe)
1 Bund Radieschen (80 g)

Gemischter Salat

Zutaten:

50 g Kopfsalat (1 Portion)
100 g Salatgurke
2 kleine Tomaten
1/2 Bund Radieschen (40 g)
30 g Kresse (1/2 Päckchen)
1 Ei, hartgekocht
Essig nach Geschmack
10 g Senf (1 TL)
etwas Salz und Pfeffer
etwas Knoblauchpulver
10 g gemischte Kräuter (2 EL)
45 g Bauernbrot (1 Scheibe)

Zubereitung:

Gurke und Radieschen in feine Scheiben schneiden, Tomate und Ei vierteln, aus Essig, Gewürzen und fein gehackten Kräutern eine Marinade bereiten, über den Salat geben.

Käse-Birnen-Toast und Salat

Zutaten:

30 g Weißbrot (1 Scheibe)
1/2 Birne aus der Dose
20 g Käse 45% Fett i. Tr. (1 Scheibe)
etwas Pfeffer
etwas Currypulver

Zubereitung:

Weißbrotscheibe toasten, dann mit Birnenhälfte und Käse belegen, würzen, unter dem Grill kurz überbacken.

Zutaten für den Salat:

50 g Kopfsalat (1 Portion)
30 g Magerjoghurt ohne Frucht (2 EL)
5 g Sonnenblumenöl (1 TL)
Essig, Salz und Pfeffer, Knoblauchpulver
gemischte Kräuter nach Geschmack

Putenschinkenröllchen mit Gurke

Zutaten:

100 g Putenbrust
1 kleine Gewürzgurke
10 g Meerrettich (1 TL)
1 kleine Tomaten
45 g Weizenvollkornbrot (1 Scheibe)
5 g Butter/Margarine (1 gestrichener TL)

Zubereitung:

Putenbrust mit Meerrettich bestreichen, mit Gurke belegen, aufrollen, dazu Brot mit Butter.

1500 kcal Frühstücksvorschläge mit circa 300 kcal

Wurstbrötchen und Apfelmüsli

Zutaten:

30 g Bierschinken (2 Scheiben)
1 Salatblatt
etwas Salz und Pfeffer, Schnittlauch
40 g Brötchen (1 Stück)

Zutaten für das Apfelmüsli:
125 g Buttermilch
1 EL Haferflocken
1 kleiner Apfel
Süßstoff

Vollkornbrot mit Honig, Quark und Orangensaft

Zutaten:

40 g Brötchen (1 Stück)
25 g Roggenvollkornbrot (1/2 Scheibe)
5 g Butter/Margarine (1 gestrichener TL)
5 g Honig oder Marmelade (1 gestrichener TL)
30 g Magerquark (1 EL)
100 g Apfelsinensaft (1 Glas)

Schinkenbrötchen und Cornflakes

Zutaten:

40 g Brötchen (1 Stück)
30 g gekochten Schinken, mager (1 Scheibe)

Zutaten für die Cornflakes:
1/8 Liter fettarme Milch 1,5% (125 g)
20 g Cornflakes

Nuß-Nougat-Toast

Zutaten:

40 g Weißbrot/Toast (2 Scheiben)
20 g Nuß-Nougat-Creme-Brotaufstrich (1 EL)
1/2 Pampelmuse

Zubereitung:

Toast mit Nuß-Nougat-Aufstrich bestreichen, dazu die Pampelmuse.

Knäcke mit Schmelzkäse und Orangenjocca

Zutaten:

10 g Knäckebrot (1 Scheibe)
20 g Schmelzkäse 30% Fett i. Tr.,
1/2 Pampelmuse

Zubereitung:

Knäckebrot mit Schmelzkäse bestreichen, dazu die Pampelmuse.

Zutaten für das Orangenjocca:

50 g Hüttenkäse (1/4 Becher)
1 kleine Apfelsine
20 g Knäckebrot (2 Scheiben)

Brötchen mit Ei und Marmelade

Zutaten:

40 g Brötchen (1 Stück)
1 Ei
10 g Butter/Margarine (1 TL)
10 g Marmelade (1 TL)

Quarkmüsli *Zutaten:*

180 g Magerquark (6 EL)
10 g Haferflocken (1 EL)
10 g Rosinen (1 EL)
5 g Haselnüsse (3 Stück)
1 Apfel
1 Spritzer Zitronensaft
wenig Süßstoff

Vorschläge für das Schulbrot bzw. das zweite Frühstück mit circa 350 kcal

Wurstbrötchen mit Apfel und Milch *Zutaten:*

45 g Bierschinken (3 Scheiben)
1 Salatblatt
etwas Salz und Pfeffer
etwas Schnittlauch
40 g Brötchen (1 Stück)

Dazu:

1 kleiner Apfel
0,2 l fettarme Milch 1,5% (1 Tüte)

Käsebrot und Kakao *Zutaten:*

40 g Grahambrot (1 Scheibe)
30 g Käse 30% Fett i. Tr.
80 g Radieschen

Zubereitung:
Brot mit Käse bestreichen, dazu Radieschen.

Dazu:
0,2 l Kakao, trinkfertig (1 Tüte)

Bratenbrot

Zutaten:

50 g Kalbfleisch, gegart (2 Scheiben)
100 g Mixed Pickles
50 g Roggenvollkornbrot (1 Scheibe)

Zusätzlich:
175 g Dickmilch mit Frucht 3,5% Fett(1 Becher)

Schinkenbrot und Kakao

Zutaten:

30 g gekochten Schinken, mager (1 Scheibe)
40 g Grahambrot (1 Scheibe)
80 g Radieschen (1 Bund)
etwas Salz

Zusätzlich:
0,2l Kakao, trinkfertig (1 Tüte)

Brot mit Frischkäse, Trinkjoghurt und Obst

Zutaten:

50 g Weizenvollkornbrot (1 Scheibe)
25 g Doppelrahmfrischkäse mit Kräutern
(2 gestrichene TL)
1 kleine Tomate

Dazu:

150 g Trinkjoghurt Banane, Orange (1 Becher)
1 kleine Birne

Bierschinkenbrot und Möhren, Apfel und Milch

Zutaten:

50 g Weizenvollkornbrot (1 Scheibe)
5 g Halbfettmargarine (1/2 TL)
25 g Bierschinken
2 Salatblätter
2 Möhren

Dazu:

1 kleiner Apfel
150 g entrahmte Milch 0,3%

Leberwurstbrot

Zutaten:

50 g Roggenvollkornbrot (1 Scheibe)
20 g Leberwurst (mager)

Zusätzlich:

3 kleine Möhren
200 g fettarme Milch 1,5%

Vorschläge für Mittagessen mit circa 400 kcal

Kalbsragout und Chicoree-Salat

Zutaten:

150 g Kalbfleisch, mager
wenig Salz
wenig Pfeffer

wenig Paprika-Pulver
15 g saure Sahne (1 EL)
5 g Sonnenblumenöl (1 TL)
1 Zwiebel
100 g Champignons
Zitronensaft nach Geschmack
2 EL Reis (Rohgewicht)

Zubereitung:
Fleisch würfeln, mit Zwiebel in heißem Öl anbraten, würzen, Pilze und etwas Wasser zugeben, garen, mit Sahne binden und abschmecken. Reis im Salzwasser garen.

Zutaten für den Chicoree-Salat:
1 Stange Chicoree
1 kleine Apfelsine
30 g Magerjoghurt ohne Frucht (2 EL)
Zitronensaft nach Geschmack
Süßstoff nach Geschmack

Zubereitung für den Chicoree-Salat:
Den bitteren Kern vom Chicoree entfernen, Chicoree waschen, in feine Streifen schneiden. Orange in Stücke schneiden, Joghurtsoße darübergießen.

Spaghetti Bolognese und Gurken-Tomaten-Salat

Zutaten:

75 g Rinderhack
5 g Sonnenblumenöl (1 TL)
1 kleine Zwiebel
50 g Champignons

10 g Tomatenmark (1 TL)
5 g Parmesankäse 30% Fett i. Tr. (1 TL)
30 g Spaghetti (Rohgewicht)
1 Lorbeerblatt
etwas Salz

Zubereitung:

Zwiebelwürfel in heißem Fett anbräunen, Tomatenmark zugeben und dünsten. 3 - 4 Eßlöffel Wasser zufügen, Champignons, Salz, Lorbeerblatt und das Fleisch zufügen, gut durchrühren und 5 Minuten milde kochen lassen. Abschmecken, auf die Spaghetti geben und mit Käse überstreuen.

Zutaten für Gurken-Tomaten-Salat:

1/2 kleine Salatgurke
1 kleine Tomate
5 g Sonnenblumenöl (1 TL)
Essig nach Geschmack
etwas gemischte Kräuter
etwas Salz und Pfeffer
etwas Paprika-Pulver

Zubereitung:

Aus Essig, Öl, Kräutern und Gewürzen eine Soße bereiten. Gurke und Tomate in Scheiben schneiden und dazugeben.

Zusätzlich:

1 Negerkuß

Rührei mit Kräutern, Bohnengemüse und Quarknachtisch

Zutaten:

1 Ei
15 g fettarme Milch 1,5% (1 EL)
gemischte Kräuter nach Geschmack
etwas Salz und Pfeffer
1 kleine Tomate
120 g Kartoffeln (2 Stück)

Zubereitung:

Das Ei mit Milch verschlagen, mit Kräutern und Gewürzen abschmecken, in einer kunststoffbeschichteten Pfanne Rührei herstellen, Tomate vierteln und damit garnieren. Dazu 2 Salz- oder Pellkartoffeln.

Zutaten für das Bohnengemüse:

150 g Bohnen, grün
5 g Butter/Margarine (1 gestrichener TL)
125 g Wasser (1 Tasse)
etwas Salz
Bohnenkraut nach Geschmack
reichlich Petersilie

Zubereitung:

Bohnen in leicht gesalzenem Wasser garen, mit ausgelassenem Fett und gehackter Petersilie servieren.

Zutaten für den Quarknachtisch:

60 g Magerquark (2 EL)
1 kleine Apfelsine
etwas Zitronensaft
wenig Süßstoff

Schnelle Fleisch-pfanne

Zutaten:

150 g Schwein, mager
etwas Salz und Pfeffer
etwas Paprika-Pulver
5 g Sonnenblumenöl (1 TL)
1 Zwiebel
150 g Erbsen/Möhren
60 g Wasser (4 EL)
reichlich Petersilie, gehackt
2 EL Reis (Rohgewicht)

Zubereitung:

Fleisch würfeln, in heißem Öl anbraten, mit Wasser ablöschen, das Gemüse zugeben, würzen, garen. Dazu körnig gekochter Reis.

Gemüse-Eintopf

Zutaten:

250 g Suppengemüse
60 g Kartoffeln (1 Stück)
1 Zwiebel
10 g Öl (2 TL)
5 g gekörnte Brühe (1 TL)
100 g Schweinefleisch, mager
Salz
Pfeffer
Petersilie, gehackt
frischer Dill

Zubereitung:

Gewürfeltes Schweinefleisch in heißem Öl anbraten, kleingeschnittenes Gemüse und Kartoffeln zugeben, mit Brühe auffüllen, garen, abschmecken, mit gehackter Petersilie und Dill überstreuen. Achten Sie bitte darauf, daß das Gemüse nicht verkocht. Am besten schmeckt der Eintopf, wenn das Gemüse noch ein wenig "Biß" hat.

Fischfilet

Zutaten:

150 g Seelachsfilet
Zitronensaft nach Geschmack
wenig Pfeffer
wenig Paprika-Pulver
Wasser (1 EL)
1 kleiner Apfel
1 Schalotte
5 g Parmesankäse 30% Fett i.Tr. (1 TL)
5 g Semmelmehl (1 TL)
5 g Sonnenblumenöl (1 TL)
reichlich Petersilie
180 g Kartoffeln (3 Stück)
5 g Butter/Margarine (1 gestrichener TL)

Zubereitung:

Fisch säubern, säuern und würzen. In eine gefettete Auflaufform geben, Wasser, Apfelscheiben, Schalotte, Käse und Semmelmehl darübergeben, Fettflöckchen aufsetzen. Den Fisch bei guter Mittelhitze 20 Minuten dünsten. Der Käse soll etwas zerlaufen. Petersilie überstreuen. Dazu Kartoffeln. Statt Petersilie können Sie auch frisches Basilikum nehmen. Das gibt dem Fisch eine aromatische Note.

Hühner-gulasch und kleiner gemischter Salat

Zutaten:

150 g Hühnerbrust
1 Zwiebel
5 g Sonnenblumenöl (1 TL)
1 Tomate
1/2 Paprika (100 g)
10 g Tomatenmark (1 TL)
etwas Salz und Pfeffer, Paprika-Pulver
2 EL Reis (Rohgewicht)

Zubereitung:

Hühnerbrust würfeln, würzen, in Öl anbraten, zerkleinerte Zwiebel und Gemüse zugeben, mit Wasser ablöschen, garen, abschmecken. Dazu gegarten Reis.

Zutaten für den gemischten Salat:

50 g Kopfsalat (1 Portion)
1 kleine Tomate
1/2 kleine Salatgurke (150 g)
5 g Sonnenblumenöl (1 TL)
Essig nach Geschmack
reichlich gemischte Kräuter
etwas Salz und Pfeffer

Zubereitung:

Aus Öl, Essig, Gewürzen und Kräutern eine Soße bereiten, zerkleinertes, gewaschenes Gemüse dazu.

Zusätzlich:

1 Negerkuß

Vorschläge für Nachmittags-Zwischenmahlzeiten mit circa 100 kcal

Beim Imbiß am Nachmittag gelten für die 1500 kcal-Diät die gleichen Vorgaben wie für die 1200 kcal-Diät. Auch hier dürfen circa 100 kcal eingenommen werden. Bitte wählen Sie aus den Vorschlägen auf Seite 69 die gewünschte Zwischenmahlzeit aus, möglichst so, daß Sie durch diesen "Joker" die Ausgewogenheit Ihrer selbst zusammengestellten Diät sichern.

Vorschläge für das Abendessen mit circa 350 kcal

Wurstsalat

Zutaten:

50 g Leberkäse
1 kleine Zwiebel
1 kleine Tomate
1 kleine Gewürzgurke
5 g Sonnenblumenöl (1 TL)
Essig nach Geschmack
etwas Schnittlauch
etwas Pfeffer
45 g Graubrot (1 Scheibe)

Zubereitung:

Alle Zutaten kleinschneiden, mit der Salatmarinade vermischen.

Zusätzlich:

1 kleiner Apfel

Jägerburger mit Pilzen und Gurkensalat

Zutaten:

100 g Beefsteakhack (Tartar)
etwas Salz und Pfeffer
etwas Wasser
50 g Champignons
10 g Butter/Margarine (1 TL)
reichlich Petersilie
20 g Brötchen (1/2 Stück)

Zubereitung:

Hack mit Wasser und Gewürzen vermischen, in heißem Fett anbraten. Champignons blättrig schneiden, kurz dünsten, salzen. Hamburger auf die Brötchenhälfte setzen, Pilze und Petersilie daraufgeben.

Zutaten für den Gurkensalat:

1/2 große Salatgurke
75 g Magerjoghurt ohne Frucht (1/2 Becher)
etwas Salz und Pfeffer
etwas Zitronensaft
etwas frischer Dill

Zubereitung:

Gurke hobeln, mit Salatsoße übergießen.

Zusätzlich:

1/8 l Buttermilch (125 g)

Ei mit Aufschnitt

Zutaten:

1 Ei
30 g Schinken (1 Scheibe)

20 g Edamer 30% Fett i. Tr. (1 Scheibe)
5 g Butter/Margarine (1 gestrichener TL)
40 g Brötchen (1 Stück)

Zubereitung:
Ei weichkochen, Brötchen bestreichen, mit Schinken und Käse belegen.

Käsebreze und Selleriesalat

Zutaten:

50 g Edamer 30% Fett i. Tr.
5 g Butter/Margarine (1 gestrichener TL)
40 g Breze (1 Stück)
1 Bund Radieschen

Zubereitung:
Breze mit Butter bestreichen, dazu Käse und Radieschen.

Zutaten für den Selleriesalat:
1/4 Sellerie
1/2 kleiner Apfel
5 g Meerrettich (1 TL)
50 g Magerjoghurt ohne Frucht (1/3 Becher)
etwas Zitronensaft
Süßstoff nach Geschmack

Zubereitung:
Joghurt mit Zitronensaft und Süßstoff verrühren, geriebenen Apfel und Meerrettich untermischen, zuletzt Sellerie dazureiben.

Rührei auf Toast mit Tomatensalat

Zutaten:

1 Ei
etwas Salz und Pfeffer
Schnittlauch nach Geschmack
etwas Wasser
5 g Butter/Margarine (1 TL)
30 g Weißbrot (1 Scheibe)

Zubereitung:

Ei mit Wasser und Gewürzen verrühren, braten, auf den Toast geben, mit Schnittlauch bestreuen.

Zutaten für den Tomatensalat:

4 kleine Tomaten
1 kleine Zwiebel
5 g Sonnenblumenöl (1 TL)
wenig Essig
etwas Salz,Pfeffer und Knoblauchpulver

Zubereitung:

Tomaten in Scheiben, Zwiebel in Ringe schneiden, mit Soße mischen.

Zusätzlich:

150 g entrahmte Milch (1 Glas)

Corned-Beef-Brot und grüner Salat

Zutaten:

50 g Corned-Beef (2 Scheiben)
50 g Roggenvollkornbrot (1 Scheibe)
1/2 große Salatgurke (250 g)
etwas Salz und Pfeffer

Zubereitung:

Brot mit Corned-Beef belegen, Salatgurke in grobe Scheiben schneiden, mit Salz und Pfeffer bestreuen.

Zutaten für den grünen Salat:

1 Portion Kopfsalat
2 EL Magerjoghurt
1/2 TL Sonnenblumenöl
Essig, Salz, Pfeffer
gemischte Kräuter

Blumenkohl "Kunterbunt"

Zutaten:

250 g Blumenkohl
100 g Putenbrust, geräuchert
1 kleine Tomate
5 g Sonnenblumenöl (1 TL)
Essig nach Geschmack
wenig Salz und Pfeffer
etwas Petersilie, gehackt
45 g Graubrot (1 Scheibe)

Zubereitung:

Blumenkohl in Salzwasser garen, zerteilen, mit den kleingeschnittenen restlichen Zutaten und der Marinade vermengen. Wer mag, kann etwas Knoblauch dazugeben. Gekühlt servieren.

Register

Register der Rezepte

Rezeptvorschläge für Reduktionsdiäten mit 1200 kcal

Rezeptvorschläge für Reduktionsdiäten mit 1500 kcal